T0157836

Printed in the United States
By Bookmasters

صعوبات تعلم الرياضيات

تشخيصها وعلاجها بالتعزيز

بسم اللـه الرحمن الرحيم

إهداء إلى

أبي العطاء

أمي الحنان

زوجتي الوفاء

أولادي الأمل

(مؤمن، مريم، رحمة)

أ.د / محمد أبو العلا أحمد أستاذي

صعوبات تعلم الرياضيات

تشخيصها وعلاجها بالتعزيز

د.إيهاب عبد العظيم مشالي

بطاقة فهرسة

فهرسة أثناء النشر إعداد الهيئة العامة لدار الكتب والوثائق القومية

إدارة الشئون الفنية

مشالي، إيهاب عبد العظيم

صعوبات تعلم الرياضيات: تشخيصها وعلاجها بالتعزيز/د.إيهاب عبد العظيم مشالي

- ط1- القاهرة: دار النشر للجامعات، 2008.

160ص ، 24 سم.

تدمك 2 253 316 977

1- علم النفس التربوي   2- الرياضيات تعليم وتدريس

أ- العنوان   370.15

حقـــوق الطبـــع:	محفوظة للناشر
النـــــاشر:	دار النشر للجامعات
تـاريخ الطبـــع:	2008
رقـــم الإيـــداع:	2008/2673
الترقـيم الـدولي:	I.S.B.N: 977 – 316 – 253 – 2
الكــــــــود:	2/209

دار النشر للجامعات

ص.ب (130 محمد فريد) القاهرة 11518

ت: 26347976 – 26321753 ف: 26440094

E-mail: darannshr@link.net

مقدمة

الحمد لله والصلاة والسلام على رسول الله صلى الله عليه وسلم ، فيسعدني أن أقدم هذا العمل المتواضع والذي يهدف إلى علاج صعوبات التعلم بصفة عامة، وعلاج صعوبات تعلم الرياضيات بصفة خاصة؛ إذ إنه هناك فئة غير قليلة من هؤلاء الأطفال ذكاؤهم عادى أو فوق المتوسط وأحياناً مرتفع، إلا إنهم يُظهرون صعوبات في التعلم.

تعد مرحلة التعليم الأساسي من المراحل التعليمية التي يتوقف عليها بدرجة كبيرة عملية النمو المتكامل للأطفال والتي يتم فيها غرس الاتجاهات والعادات. ويشير "السيد عبد الحميد سليمان" إن صعوبات التعلم تصف مجموعة من الأطفال داخل الفصل الدراسي العادي لا يعانون من أية إعاقات عقلية أو حسية أو بدنية إلا إنهم لا يستطيعون أن يسايروا زملاءهم في التعليم الأكاديمي (السيد سليمان، 1996، ص 5).

وموضوع الكتاب الذي بين أيدينا يهتم بصعوبات تعلم الرياضيات لدى تلاميذ المرحلة الإعدادية وهو له أهمية كبيرة؛ لأن في بداية المرحلة الإعدادية يكتسب التلميذ مبادئ ومفاهيم جديدة تكون أساسا له فيما بعد، وذلك أيضاً لوجود الكم الكبير من الذين يعانون صعوبات تعلم الرياضيات ويُعتقد أن أهم أسباب انتشار صعوبات التعلم بين تلاميذ المرحلة الإعدادية ، هو استخدام الأساليب التقليدية للتدريس التي تعمل على تأكيد حدوث هذه الصعوبات، وأيضاً من هذه الأسباب عدم استخدام المعلمين لأنواع التعزيز المختلفة ؛ وهذا يرجع إلى عدم استخدام التعزيز واستخدامه بصورة خاطئة.

والتلميذ الذي يعاني من صعوبة في التعلم تكون لديه مجموعة من الدوافع تتحكم في تعلمه ، وتعتبر الدوافع من أهم المبادئ والشروط التي تؤثر في عملية

التعلم، والإهمال في مراعاتها قد يكون سبباً في فشل كثير من البرامج التعليمية، وترجع أهميتها الخاصة بالنسبة للمعلم الذي يُعهد إليه بعملية التعليم، حيث إن التلميذ مخلوق مطرد النمو في جسمه وعقله، وهذا النمو يحدث فيه تطوراً يقتضي مسايرته وإتباع الوسائل التي تلائمه (عبد الهادي عبده، 1987، ص 142) .

ومن الملاحظ أنه عندما نصف دافعا معينا وأثره في سلوك الفرد، فإننا في الواقع نصف بطريقة غير مباشرة المعززات التي يبحث عنها الفرد والتي تحقق له هذا الدافع، وهى ما نطلق عليها الأهداف في كثير من المواقف السلوكية أو نصف أنواع السلوك التي تم تعزيزها من قبل ذلك ويحاول الفرد تكرارها حتى يتم له التعزيز (أنور الشرقاوى، 1988، ص 241) .

ولقد احتلت فكرة أن السلوك يمكن تقويته أو إضعافه بالنتائج الخاصة بالثواب أو العقاب مكانة رئيسة في سيكولوجية التعلم عند "ثور نديك" Thorndike (1898 - 1911)، فبينما يكون مصطلح الثواب والعقاب مألوفاً لدينا في استخدامنا اليومي ؛ لكن علماء النفس يفضلون استخدام مصطلح أكثر دقة وهو التعزيز، والتعزيز كما أوضح كل من" كيلر" Keller و"مورجان" Morgan، و"ميدنيك" Mednick : هو الشيء الذي يعقب الاستجابة مباشرة ويؤدى إلى زيادة تكرارها، وبالتالي فهو يستخدم لتشجيع عملية التعلم(كيللر ترجمة محمد إسماعيل 1978، ص 15) .

ولقد تحدثت كثير من نظريات التعلم عن التعزيز وأنه لا غنى عنه في عملية التعلم، ومن ناحية أخرى أوضحت أن التعزيز مهم وضروري لتثبيت الاستجابة Anderson G.L, 1970) p. 397) .

والمتعلم دائماً في أشد الحاجة إلى الإثابة أو المكافأة من جانب المعلم على كل ما هو صحيح في أدائه حتى يشعر بالاطمئنان نحو اقترابه من تحقيق الأهداف وكلما شعر المتعلم بالارتياح زادت دوافعه نحو دراسته وارتفعت قدرته على الأداء (وفاء درويش، 1981، ص 2) .

ولقد احتلت الإجراءات والوسائل التي تؤدى إلى تعزيز السـلوك المرغـوب مكانـة غايـة في الأهمية خلال المواقف التعليمية، وبصرف النظر عن التفسيرات المختلفة لوظيفة التعزيز التـي أشار إليها كل من "ثورنديك" Thorndike، و"كلارك" Klark ، و "هـل " Hull و"سكنر" Skinner ، إلا إنهم جميعاً اتفقوا على أنه العامـل الحاسـم لحـدوث الـتعلم (Hilgerd & Bower, 1975, p.213) .

***

الفصل الأول

صعوبات التعلم

الفصل الأول
صعوبات التعلم

يعد مجال صعوبات التعلم من المجالات الهامة، التي تتضح فيها الفروق بين التلاميذ حيث يُتضح أن التلاميذ ذوي صعوبات التعلم كأنهم أصحَّاء تماما في معظم المظاهر النفسية، إلا إنهم يعانون من عجز واضح في مجال أو آخر من مجالات التعلم.

وعلى الرغم من تعدد البحوث والدارسات التي أجريت في ميدان صعوبات التعلم إلا إنه لا يزال غامضاً لدى عديد من الدارسين، مما يترتب عليه في كثير من الأحيان مظاهر الجدل وعدم الفهم والخلط بينه وبين مفاهيم أخرى متصلة بالتعلم.

ولعل مبعث ذلك هو أن هذا المجال قد لاقى اهتماما عديدا من المجالات مثل الطب العام، وعلم النفس، والتربية الخاصة، والطب النفسي، والفسيولوجي ومن هنا فقد تعددت المصطلحات التي استخدمت لوصف التلاميذ ذوي صعوبات التعلم، فقد أطلق أصحاب الاتجاه الطبي عدة تسميات على هذه الفئة ومن هذه المسميات: تلاميذ ذوو عرض مخي مزمن Chronic Brain Syndrome، تلاميذ ذوو تلف مخي Minimal Brain Damage، أما أصحاب الاتجاه النفسي فقد استخدموا عديدا من المصطلحات، مثل مصطلح العجز عن القراءة، أو الكتابة (السيد سليمان 1996، ص 123-122).

وتشير كثير من الدراسات في المجالات التربوية والنفسية إلى أن الفروق الفردية بين المتعلمين حقيقة قائمة فكل فرد وحدة في ذاته، وهو في استعداده و قدراته و ميوله و حاجاته واتجاهاته يختلف عن غيره وكذلك في انفعالاته وعواطفه ومزاجه، فليس كل التلاميذ متساويين في ذكائهم وقدراتهم، والمنهج الذي يبنى على أن التلاميذ جميعاً يمكنهم التعلم بطريقة واحدة وأن لديهم جميعاً مستوى من الذكاء

والفهم على درجات متساوية، إنما يسير في الاتجاه التقليدي الخاطئ الذي لا يقدر ما بين التلاميذ من فروق (علي راشد، 1998، ص 155) .

ومن هنا ظهرت أهمية موضوع صعوبات التعلم. وجوهر المشكلة في صعوبات التعلم ليس التعريف والتصنيف، إنما تكمن المشكلة في كيفية التعرف عليها وتشخيصها وعلاجها، والكتاب الذي بين أيدينا يحاول تشخيص صعوبات التعلم وعلاجها عن طريق استخدام أنماط مختلفة من التعزيز.

التطور التاريخي لصعوبات التعلم

ميدان صعوبات التعلم يعتبر حديثاً نسبياً، وتتمثل بدايته بإسهامات اختصاصي الأعصاب الذين قاموا بدراسة فقدان اللغة عند الكبار الذين يعانون من إصابات مخية، وتبعهم في ذلك علماء النفس وأخصائيو العيون الذين ركزوا اهتماماتهم على عدم قدرة التلاميذ على القراءة أو التهجي ومن أمثلة هذه الإسهامات ما أشار إليه " فرنسيس جال" Francis Jail، (1802) عن العلاقة بين الإصابات المخية واضطرابات اللغة (يعقوب موسى، 1996، ص 84).

ونشر " مورجان " Morgan، (1896) عالم البصريات في الجريدة الطبية البريطانية ما أسماه بـ (عمي معرفة الكلمات word blindness) عند التلاميذ ضعيفي القراءة؛ كما أشار "جون هاستون" John Huston، (1915) إلى وجود أنواع متعددة من العجز اللغوي تتضمن فقدان القدرة على الكلام والكتابة والقراءة , أما "جيمس هنشلوود " Gems Hinshelwood طبيب العيون الإنجليزي الذي عمل مع العديد من أطفال المدارس الذين يعانون من صعوبات تعليمية في القراءة فقد وجد أن عدداً قليلاً جداً من التلاميذ الذين تم تحويلهم إليه – بسبب فشلهم في القراءة - كانوا يعانون من عجز بصري وبناء عليه فقد استنتج أن سبب ذلك الفشل في القراءة غير ناتج عن مشكلات بصرية ، وفي بداية العشرينيات من هذا القرن قامت عالمة النفس "فيرنالد" Fernaled بالتصدي للمشكلة المتمثلة في عدم قدرة التلاميذ الذين يتمتعون بقدرات عقلية متوسطة أو فوق المتوسطة على تعلم القراءة أو التهجي ، وقد نجحت "فيرنالد وكيلر " Fernaled & Keller ،

(1920) في تدريس القراءة لخمسة من التلاميذ الذين لا يقرأون وذلك عن طريق كتابة الكلمات والجمل من الذاكرة، وقد أطلقت" فيرنالد" على هذا النظام الطريقة (الحس - حركية) ، حيث يستخدم فيها الطفل اللمس ، والحركة العضلية عند تعلمه للكلمات والجمل (كيرك و كالفانت ، ترجمة زيدان وعبد العزيز السرطاوي 1988 ، ص 42- 50).

وفي عام " 1931" تأسس أول قسم للتربية الخاصة في الولايات المتحدة الأمريكية، وكان هذا عاملاً هاماً من العوامل التي أدت إلى تنامي الوعي والاعتراف بحيوية مجال التربية الخاصة وأهميتها وبدأت الحكومات الفيدرالية تعكس قدراً من التسليم بضرورة العمل على توفير بعض الخدمات للتلاميذ ذوي الاحتياجات الخاصة، وفي أواخر الخمسينات وأوائل الستينات التحق العديد من التلاميذ ببرامج التربية الخاصة بسبب عدم قدرتهم على التعلم، وقد سمح لهؤلاء التلاميذ بالالتحاق بالمدرسة؛ ولكنهم لم يستطيعوا الالتحاق بالفصول الخاصة بسبب عدم تشخيصهم أو تصنيفهم كالمكفوفين أو المتأخرين أو الجانحين - وهي التصنيفات المعترف بها حينذاك للفصول الخاصة - وبناء عليه سعت جمعيات الآباء لتنظيم فصول توفر الخدمات التربوية الملائمة لهؤلاء التلاميذ بالمدارس العامة (فتحي الزيات ، 1998 ص 37).

وقد قام " صموئيل كيرك " Samuel Kirk، (1962) بمحاولة وضع تعريف لهذا المفهوم فيذكر أن صعوبات التعلم تشير إلى تخلف، اضطراب، تأخر نمائي في واحدة أو أكثر من عمليات الكلام اللغة، القراءة، الكتابة، الرياضيات، أو غيرها من المواد الدارسية، تنتج عن إعاقة نفسية نتجت عن الخلل الوظيفي المخي أو الاضطرابات السلوكية أو الانفعالية أو للأسباب الثلاثة معا، وهى ليست نتيجة للتخلف العقلي، الحرمان الحسي أو العوامل الثقافية والتعليمية (أحمد عواد، 1996، ص 67).

وقدم " باتيمان " Bateman، (1965) تعريفاً ينص على: " التلاميذ الذين لديهم اضطرابات في التعلم هم هؤلاء التلاميذ الذين يبدون تبايناً دالاً تربوياً بين

طاقاتهم العقلية الكامنة ومستوى الأداء العقلي وارتبط هذا التباعد بالاضطرابات الأساسية في عملية التعلم التي ربما تكون أو لا تكون نتيجة التخلف العقلي العام أو الحرمان الثقافي أو التعليمي أو الاضطراب الانفعالي الشديد أو فقدان الحواس" (Hammill, 1990, p. 75).

وقدمت اللجنة الاستشارية القومية للأطفال ذوي الإعاقة عام "1968 " أول تعريف أُعتد به رسمياً والذي ينص على أن: " التلاميذ ذوي صعوبات التعلم الخاصة يظهرون اضطرابات في واحدة أو أكثر من العمليات النفسية الأساسية المرتبطة بفهم أو استخدام اللغة المنطوقة أو المكتوبة، والتي تعبر عن نفسها في نقص القدرة على الاستماع، أو الحديث، أو القراءة، أو الكتابة، أو التهجي، أو إجراء العمليات الحسابية الرياضية، هؤلاء يتضمنون الحالات التي يشار لها كإعاقات إدراكية أو الإصابة المخية أو الخلل الوظيفي المخي البسيط أو عسر القراءة أو حبسة بناء الجملة النمائية. . . . إلخ لكنهم لا يتضمنون مشكلات التعلم الناتجة عن إعاقات بصرية، أو سمعية، أو حركية، أو ناتجة عن التخلف العقلي، أو الاضطراب الانفعالي، أو الحرمان البيئي" (Bryan & Bryan, 1986, p. 40).

ويحدد " سيد عثمان" ، (1979) التلاميذ الذين يتعرضون لصعوبات التعلم بأنهم هم الذين لا يستطيعون الإفادة من خبرات أو أنشطة التعلم المتاحة في حجرة الدراسة أو خارجها ، ولا يستطيعون الوصول إلى مستوى الإتقان الذي يمكن أن يصلوا إليه ويستبعد من هؤلاء التلاميذ المتخلفين عقلياً ، والمعاقين جسمياً والمصابين بأمراض أو عيوب السمع أو البصر.

وتتمثل أعراض صاحب الصعوبة في التعلم فيما يلي:

◆ ضـعف مسـتوى الـتمكن مـن المهـارات أو المعلومـات كـما يـنعكس في الاختبـارات والتدريبات.

◆ البطء في اكتساب المهارات والمفاهيم.

◆ الاضطراب في سير التعلم والتعرض للذبذبات الشديدة ارتفاعا وانخفاضاً في الأداء.

♦ الإحساس بالعجز نتيجة الفشل في الوصول إلى مستوى زملائه. (سيد عثمان، 1979، ص 29 - 30).

ويعرِّف " جونسون" Johnson، (1981) الطفل صاحب الصعوبة بأنه "طفل ذو ذكاء عادي وليس لديه مشكلات انفعالية واضحة وله بصر وسمع عاديان؛ ولكنه لا يستطيع إتقان الموضوعات الدراسية الأساسية ". (Wilhart & Sandman, 1988, p.p 179-185) ؛ بينما يؤكد "فتحي عبد الرحيم"، (1982) على الرغم من اختلاف التعريفات التي تناولت مصطلح صعوبات التعلم إلا أن هذه التعريفات توجد بها عناصر مشتركة وهي:

♦ أن تكون مشكلة التعلم ذات طبيعة خاصة ليست ناتجة عن إعاقة عامة, كالتخلف العقلي ، أو الإعاقات الحسية ، أو الاضطرابات الانفعالية، أو المشكلات البيئية.

♦ أن يكون لدى الطفل شكل ما من أشكال التباعد أو الانحراف في إطار نموه الذاتي في القدرات.

♦ أن تكون الصعوبة التي يعاني منها الطفل ذات طبيعة سلوكية كالتفكير، تكوين المفاهيم التذكر النطق، اللغة، الإدراك، الكتابة، الحساب وما قد يرتبط بها من مهارات.

♦ التركيز في عملية التمييز والتعرف على حالات صعوبات التعلم يجب أن تكون من وجهة النظر النفسية والتعليمية(فتحي عبد الرحيم، 1982، ص 87 - 88).

ويري " ريبر " Reber أنه بالرغم من أن هذه الفئة تتميز بذكاء مرتفع إلا أنها تعاني من صعوبات محددة في التعلم كالقراءة والكتابة وإجراء العمليات الحسابية (Reber, 1985, p. 396).

في عام " 1986" عرَّف قسم التربية بولاية إنديانا بالولايات المتحدة الأمريكية تعريفاً ينص على أن الطفل صاحب الصعوبة " هوذلك الطفل الذي يُظهر عيوباً

نوعية شديدة في العمليات الإدراكية أوالتكاملية أو التعبيرية التي تحد بشدة من كفاءة التعلم، وصعوبة التعلم تشمل حالات يمكن الإشارة لها كإعاقات إدراكية، التلف المخي، الخلل الوظيفي المخي البسيط، عسر القراءة ، حبسة بناء الجملة النمائية وربما تظهر في اضطرابات الاستماع، التفكير، التحدث والقراءة الكتابة، التهجي أو الحساب التي ترجع أساساً إلى إعاقات سمعية أوبصرية أو حركية أو تخلف عقلي أو اضطرابات انفعالية أو حرمان بيئي للأطفال المدرجين في برنامج صعوبات التعلم وهم الذين لديهم فشل مزمن في موقف الفصل الدراسي العادي ولديهم عيوب شديدة في المهارات التربوية (Mcleskey & Waldron, 1991, p. 501-506).

ويشير" أنور الشرقاوي"، (1987) إلى أننا نجد في مجال التعلم عدداً من التلاميذ ذوي ذكاء متوسط أو فوق المتوسط لا هم بالصم ولا بالمكفوفين ولا بالمتخلفين عقلياً، إلا إنهم غير قادرين على التعلم في إطار النظم التعليمية العادية، هذه المجموعة من التلاميذ توصف في الوقت الحاضر تحت ما يعرِّف بـ (أصحاب الصعوبات الخاصة في التعلم) (أنور الشرقاوي1987، ص 4 - 5).

ويعرِّف "كولجيان وسترنبرج" Kolligian & Sternberg، (1987) التلاميذ ذوي صعوبات التعلم بأنهم الأفراد الذين لديهم عجز في مجال محدد من الوظائف العقلية مثل القراءة والحساب أو التهجي وفوق ذلك فإن لديهم أيضاً ذكاء عاماً متوسطاً أو فوق المتوسط (Kolligian & Sternberg, 1987, p. 8-17).

وفي عام "1988 "، عرف المجلس الاستشاري القومي لصعوبات التعلم بأنه " مصطلح عام يتعلق بمجموعة غير متجانسة من الاضطرابات تعبر عن نفسها من خلال صعوبات ملموسة في اكتساب واستخدام السمع والنطق والقراءة والكتابة والاستدلال والقدرات الرياضية وهذه الاضطرابات يفترض أنها ترجع إلى اضطراب وظيفي في الجهاز العصبي المركزي ويمكن أن تحدث خلال حياة الفرد كما يمكن أن تكون مصحوبة باضطراب في السلوك والإدراك الاجتماعي والتفاعل الاجتماعي ولكنها بذاتها لا تشكل صعوبات للمتعلم، كما أن صعوبات التعلم

يمكن أن تحدث مصحوبة بحالات من الإعاقة مثل القصور الحسي، التأخر العقلي والاضطراب الانفعالي الاجتماعي (Moats & Lyon, 1993, p. 282-294).

ويعرِّف "عزيز قنديل"، (1990) صعوبات التعلم بأنها عدم مقدرة التلاميذ على فهم وتطبيق ما يقدم إليهم من معلومات بشرط ألا يكون لديهم أي معوقات صحية، أو نفسية ويتضمن ذلك انخفاضاً في مستوى تحصيلهم عن المستوى المتوقع (عزيز قنديل، 1990 ص 27).

كما عرَّفت اللجنة القومية المشتركة لصعوبات التعلم "1994 " بأن صعوبات التعلم هو مصطلح عام يشير إلى مجموعة غير متجانسة من الاضطرابات والتي تعبر عن نفسها من خلال صعوبة دالة في اكتساب واستخدام قدرات الاستماع، أو الحديث ، أو القراءة ، أو الكتابة ، أو الاستدلال ، أو القدرات الرياضية وهذه الاضطرابات ذاتية داخلية المنشأ ويفترض أن تكون راجعة إلى خلل في الجهاز العصبي المركزي ، ويمكن أن تحدث خلال حياة الفرد، كما يمكن أن تكون متلازمة مع مشكلة الضبط الذاتي ومشكلة الإدراك والتفاعل الاجتماعي ؛ لكن هذه المشكلات لا تكون بذاتها صعوبات التعلم ومع أن صعوبات التعلم يمكن أن تحدث متزامنة مع بعض ظروف الإعاقة الأخرى مثل: قصور حسي أو تأخر عقلي أو اضطراب انفعالي جوهري أو مع مؤثرات خارجية مثل فروق ثقافية أو تدريس غير ملائم إلا إنها ليست نتيجة الظروف والمؤثرات" (فتحي الزيات، 1998، ص 120 - 121).

ويري "يعقوب موسى"، (1996) أن مصطلح صعوبات التعلم يصف مجموعة من التلاميذ يظهرون انخفاضاً في التحصيل الدراسي عن التحصيل المتوقع منهم في مادة دراسية أو أكثر رغم أنهم يتميزون بذكاء عادي، أو فوق المتوسط وأحياناً مرتفع جداً، ويستبعد من هؤلاء المعاقين والمتخلفين عقلياً (يعقوب موسى، 1996، ص 96).

كما يعرِّف "محمد حسنين"، (1997) صعوبات التعلم بأنها " عدم قدرة التلاميذ على تذكُّر أو فهم ما يقدم لهم من مفاهيم، أو استخدامه في حل المشكلات

لمادة ما وتعتبر الصعوبة موجودة إذا بلغت نسبة أخطاء التلاميذ في الإجابة على مفردات الاختبارات التشخيصية لمادة دراسية 25 % فأكثر" (محمد حسنين، 1997، ص 23).

وتعرّف " صفاء بحيري"، (2001) "التلاميذ ذوي صعوبات التعلم بأنهم التلاميذ الذين يظهرون تبايناً دالاً بين أدائهم العقلي وأدائهم المتوقع في ضوء قدراتهم العقلية العامة" .(صفاء بحيري، 2001، ص 15).

وبمراجعة التعريفات السابقة التي تناولت صعوبات التعلم لتقف على العناصر الأساسية في تلك التعريفات، ويمكن تلخيصها في النقاط التالية:

- ضعف الأداء الأكاديمي لدى التلاميذ ذوي صعوبات التعلم.
- استبعاد التلاميذ ذوي المشكلات الناتجة عن التخلف العقلي، الإعاقات الجسمية والإعاقات الانفعالية، أو الحرمان الحسي و البيئي.
- أن تكون الصعوبة التي يعاني منها التلميذ ذات طبيعة سلوكية مثل التفكير أو تكوين وتعلم المفهوم، التذكر، النطق، اللغة، الإدراك، القراءة، الكتابة، الحساب، أو ما قد يرتبط بها من مهارات.
- أنه يوجد شكل من أشكال التباين بين أداء التلميذ صاحب صعوبة في التعلم وذلك بين أدائه المتوقع وأدائه الفعلي من خلال المؤشرات الدالة على ذلك.
- التمييز والتعرف على حالات صعوبات التعلم يجب أن تكون من وجهة النظر السيكولوجية والتعليمية.
- وجود خلط وتداخل بين مصطلح صعوبات التعلم ومصطلحات أخرى كالتأخر الدراسي.

ومن خلال عرض التعريفات السابقة فإنه يمكن تعريف مفهوم صعوبات تعلم الرياضيات بأنه "مصطلح يستخدم لوصف مجموعة من التلاميذ يُظهرون انخفاضا في تحصيل مادة الرياضيات عن تحصيلهم المتوقع على الرغم من أنهم

يتميزون بذكاء عادي أو فوق المتوسط ويُستبعد من هؤلاء المعوقين و المتخلفين عقليا، و ذوو الإعاقات المتعددة ".

تصنيف صعوبات التعلم

تصنف صعوبات التعلم إلى فئتين هما:

أولاً: صعوبات التعلم الأكاديمية Academic L. D

ثانياً: صعوبات التعلم النمائية Developemental L. D

و سوف يتم عرض كل منهما بالتفصيل فيما يلي:

أولاً: صعوبات التعلم الأكاديمية: Academic L. D

تهتم صعوبات التعلم الأكاديمية بدراسة المشكلات الأكاديمية التي ترجع إلى وجود صعوبات التعلم وقد حددها "فرانك" ورفاقه " Frank et al " (1992) في ثلاثة مجالات رئيسية هي:

أ- صعوبة التعلم النوعية في القراءة :

تحدث عندما تكون مهارات الفرد في القراءة مثل الفهم القرائي أو البدء بالكلام أو أن تكون القدرة العامة على القراءة منخفضة بشكل دال على المستوى المتوقع وفقاً لمستوى الذكاء

ب- صعوبة التعلم النوعية في الكتابة :

وتحدث عندما تكون مهارات الفرد على كتابة اللغة والتهجي وتطبيق قواعد اللغة واستخدام علامات الترقيم ومهارة استعمال الألفاظ وتنظيم الأفكار في الكتابة أو أن تكون

القدرة العامة على الكتابة منخفضة بشكل دال عن المستوى المتوقع وفقاً لمستوى الذكاء ولا تشتمل صعوبة الكتابة على تحسين الخط.

ج- صعوبة التعلم النوعية في الحساب :

تحدث عندما تكون مهارات الحساب لدى الفرد مثل اكتساب الحقائق المتعلقة بالأعداد أو تكوين وكتابة الأعداد أو التفكير المتعلق بمجال الحساب أو أن تكون القدرة العامة على الحساب منخفضة بشكل دال عن المستوى المتوقع لمستوى الذكاء. (صفاء بحيري ، 2001 ، ص 15 - 16).

ثانياً: صعوبات التعلم النمائية Developmental L.D

وهي تتعلق بالوظائف الدماغية ، العمليات العقلية والمعرفية التي يحتاجها التلميذ في تحصيله الأكاديمي مثل الإدراك الحسي (البصري والسمعي) والانتباه والتفكير واللغة والذاكرة وهذه الصعوبات ترجع أصلاً إلى اضطرابات وظيفية في الجهاز العصبي المركزي ، ويمكن أن تُقسم بدورها إلى :

◆ صعوبات نمائية أولية: تتعلق بعمليات الانتباه، الإدراك والذاكرة.

◆ صعوبات نمائية ثانوية: مثل التفكير، الكلام، الفهم أو اللغة الشفوية (كيرك وكالفانت، ترجمة زيدان وعبد العزيز السرطاوي، 1988، ص 17).

وبعد هذا العرض لمفهوم صعوبات التعلم و تصنيفها فمن الضروري الفصل بينه وبين المفاهيم الأخرى المتصلة به.

التداخل بين مفهوم صعوبات التعلم والمفاهيم الأخرى المتصلة بالتعلم

لقد ارتبط مفهوم صعوبات التعلم في ذهن بعض التربويين في عالمنا العربي بموضوع التأخر الدراسي أو بطء التعلم، وموضوع التخلف العقلي نظراً؛ لأن المظهر الخارجي لهذه الموضوعات يتمثل في وجود المشكلات الدراسية وانخفاض مستوى التحصيل الدراسي، ورغم الاتفاق على ذلك فإن الحقيقة غير ذلك تماماً؛ لأن تعريف صعوبات التعلم يشير إلى الطفل ذى الذكاء المتوسط أو فوق المتوسط ويعاني من انخفاض مستوى تحصيله الدراسي، وهذا الانخفاض غير مرتبط بالإعاقة العقلية أو الحسية، في حين أن التأخر الدراسي أو بطء التعلم وكذلك التخلف العقلي يرتبط بانخفاض نسبة الذكاء.

ولتداخل المصطلحات يجب التمييز بين صعوبات التعلم وهذه المصطلحات الأخرى:

أ- صعوبات التعلم والتأخر الدراسي:

إن استخدام مصطلح التأخر الدراسي Scholastic Retardation بدلاً من صعوبات التعلم عند ملاحظة تلميذ ما لديه عقبة في طريقة التعلم ليس بالأمر الصحيح ، لأن صاحب صعوبة التعلم يعاني من انخفاض في التحصيل الدراسي ومستوى ذكائه متوسط أو فوق المتوسط بعيداً عن الإعاقات الأخرى بينما المتأخر دراسياً يعاني من انخفاض في التحصيل الدراسي ، ويعتبر انخفاض نسبة الذكاء عن المتوسط السبب الأساسي لدى كثيرين من المتأخرين دراسياً (السيد عبد الحميد ، 2000 ، ص 18).

والتلميذ صاحب الصعوبة في التعلم بالرغم من أنه يعاني من انخفاض في التحصيل الدراسي مثل المتأخر دراسياً إلا أن ذكاءه متوسط أو أعلى من المتوسط ، بينما المتأخر دراسياً نسبة ذكائه أقل من المتوسط . (Renolds , 1983 , p. 36).

والمتأخر دراسياً غالباً ما يتصف بأنه أقل طولاً وأقل وزناً وأقل تناسقاً، كما ينتشر ضعف السمع والبصر وسوء التغذية وعيوب الكلام ، كما يتميز بضعف القدرة على التفكير المجرد والفهم والاستيعاب وإدراك العلاقات بين الأشياء والتمييز بينها بسهولة، وعلى ضعف التركيز لفترة طويلة، وضعف القدرة على اختزان المعلومات وضعف القدرة على الاستنتاج الاستقرائي واستخدام العمليات الاستنباطية كما يتسم المتأخرون دراسياً بالانفعال وشدة الحساسية والخجل والكبت وقلة الإنجاز وعدم تقبل الذات وقد يكون عدوانياً نحو زملائه ونحو المدرسة ويميل لتكوين صداقات وقتية ومتقلبة (السيد عبد الحميد ، 2000 ، ص 5).

وأهم ما يميز مصطلح التأخر الدراسي ، انخفاض نسبة الذكاء عن المتوسط كما أن الحرمان الثقافي والاجتماعي والاضطراب الانفعالي تعدا جميعها من الأسباب الرئيسية للتأخر الدراسي، وقد تجتمع العوامل الثقافية والاجتماعية والانفعالية مع انخفاض نسبة الذكاء العام عن المتوسط وتؤدي إلى وجود نوع من التأخر الدراسي، وعليه فالتأخر الدراسي يمكن أن يكون خلقياً أو وظيفياً أو الاثنين معاً في الوقت نفسه. (طلعت عبد الرحيم ، 1980 ، ص 55).

وإذا كانت الصعوبة في التعلم ترجع إلى عوامل نفسية أو ظروف أسرية ، وغير ناتجة عن معوقات حسية أو حركية ، فإن التأخر الدراسي يرجع إلى :

- عوامل خلقية ترجع إلى القصور في نمو الجهاز العصبي كما هو الحال في انخفاض مستوى الذكاء ، والضعف العقلي .
- عوامل اجتماعية أو مشكلات سلوكية تعوق التلميذ عن تنمية قدراته وإمكانياته الفعلية (يعقوب موسى، 1996، ص 87).

ويمكن تعريف التأخر الدراسي " بأنه التحصيل في مستوى أقل مما تسمح به استعدادات التلميذ الدراسية ، فإذا كانت استعدادات الفرد الدراسية كما يكشف عنها القياس استعدادات عالية وكان يحصل على مستوى متوسط اعتبر متأخراً دراسياً ، وإذا كانت نسبة ذكائه تقع في الحدود المتوسطة وتحصيله أقل من المتوسط كان متأخراً دراسياً أيضاً ، أما إذا كانت نسبة ذكائه أقل من المتوسط فإن مثل هذا التلميذ لا يمكن اعتباره متأخراً دراسياً ولكنه تلميذ بطئ التعلم ويتوقع أن يكون تحصيله أقل من المتوسط (رجاء أبو علام ، نادية شريف ، 1995 ، ص 205).

ب - صعوبات التعلم وعدم القدرة على التعلم:

ظهر مفهوم عدم القدرة على التعلم Learning Disabilities في الولايات المتحدة الأمريكية في القانون العام سنة (1975) ، وكان يشمل التلاميذ الذين لديهم صعوبات تعلم والتلاميذ الذين لديهم إعاقة في التعلم حتي ظهرت دراسة "بلمونت وآخرون" ، (1981) ، والتي وضعت الحدود الفاصلة بين صعوبات التعلم و حالات الإعاقة في التعلم في هذا المجال (Belmont & Belmont, 1981, p376).

ويتضح مما تقدم أن مفهوم صعوبات التعلم Learning Difficulities هو مفهوم جزئي من مفهوم عدم القدرة على التعلم Learning Disabilities إذ يختص المفهوم الأول لفئة التلاميذ الذين يعانون من صعوبات أكاديمية يستدل عليها من انخفاض التحصيل بينما المفهوم الثاني يختص لفئة من التلاميذ التي تعاني من صعوبات أكاديمية ونمائية كما أن التلاميذ الذين يشملهم المفهوم الأول يستدل

عليهم من خلال انخفاض تحصيلهم الأكاديمي بينما الذين يشملهم المفهوم الثاني ليسوا بالضرورة أن يكونوا منخفضي التحصيل.(وائل فراج ، 2002 ، ص 15).

ج-صعوبات التعلم والتخلف العقلي:

هناك فرق بين صعوبات التعلم و التخلف العقلي Mental Retardation ، فأصحاب الصعوبة كما سبق القول ذكاؤهم متوسط أو فوق المتوسط أما التخلف العقلي فيعاني صاحبه من قصور واضح في القدرة العقلية .

ويختلف مصطلح صعوبات التعلم عن مصطلح التخلف العقلي فمصطلح التخلف العقلي يتميز بالعموم والشمول ، حيث يشير المصطلح الأخير إلى أن التلميذ المتخلف هوالذي يعجز عن مسايرة زملائه في الدراسة بسبب من أسباب العجز ، وهذه الأسباب ترجع في جملتها إلى أنها عقلية أو جسمية أو نفسية أو اجتماعية ، فالقصور في فهم المعني العام تخلف ، والقصور في إدراك العلاقات تخلف، والقصور في التعبير عن المفهوم تخلف ، والبطء في القراءة تخلف والقصور في ملاحظة التفاصيل تخلف ، وعيوب النطق والضبط تخلف . (أنور الشرقاوي 1987 ص 160).

وإذا كانت صعوبات التعلم مؤداها عوامل نفسية أو ظروف أسرية تؤثر في الطفل صاحب الصعوبة ، فالتخلف العقلي ناتج عن عدم اكتمال النمو العقلي وانخفاض في الذكاء ، بحيث يجعل الشخص عاجزاً عن التعلم والتوافق مع البيئة ، وبذلك فهؤلاء التلاميذ أقل تعلماً ويصعب توافقهم الاجتماعي . (يعقوب موسى ، 1996 ، ص 88).

وتشير" حنان نشأت " ، (1994) إلى التخلف العقلي إنه: " حالة من الخلل الوظيفي دون المتوسط بشكل واضح في العمليات العقلية توجد متلازمة مع أشكال في القصور في السلوك التكيفي أثناء فترة النمو " (حنان نشأت ، 1994 ، ص 9).

وتزداد الفروق الفردية وعدم التجانس بين مجموعة المتخلفين عقلياً من حيث ما يتمتعون به من استعدادات ويتصفون به من سمات فيتسمون بانخفاض نسبة

الذكاء عن 70 ، وانخفاض التحصيل الدراسي ، وضعف القدرة على التركيز والانتباه لفترة طويلة، وضعف الذاكرة ، وقصور في تكوين المفاهيم ، كما يتسمون بأنهم أقل وزناً ، وأصغر حجماً ، وأكثر عرضة للأمراض والقصور الحسي والسمعي والبصري وقصور في الوظائف الحركية والتوافق العضلي - العصبي، كما يتسم سلوكهم بتبلد الانفعال أو الاندفاعية ، والنزعة العدوانية ، وسهولة الانقياد للأخرين وضعف الثقة بالنفس . (عادل مسعد ، 1992 ، ص 44) .

د-بطء التعلم:

تعددت الكتابات في التربية وعلم النفس حول مصطلح بطء التعلم Slow Learning فيعرَّف على أنه مصطلح يطلق على كل طفل يجد صعوبة في مواءمة نفسه للمناهج الأكاديمية في المدرسة بسبب قصور بسيط في ذكائه أو مدى استيعابه، ولا يوجد هناك مستوى محدد لهذا القصور العقلي ، ولكننا من الناحية العلمية نستطيع القول بأن التلاميذ الذين تبلغ نسبة ذكائهم أقل من 91 درجة وأكثر من 74 درجة يكونون ضمن هذه المجموعة . (صفاء بحيري ، 2002 ص 18).

وتتراوح نسبة ذكائهم بين (70 - 84) درجة وهم أقرب إلى العاديين من حيث القدرة على المواءمة إلى أن قدراتهم على التعلم محدودة ويتوقف مدى استفادة بطيء التعلم من التعليم الأكاديمي على حجم المدرسة وإمكانيات الطفل ، ويستطيع بطيء التعلم الاستمرار في الدراسة في المرحلة الابتدائية في فصول عادية مع زملائهم من التلاميذ العاديين وعادة ما يرسب الطفل بطيء التعلم في سنة أو سنتين في الصف الواحد؛ ولذلك يصل إلى المرحلة المتوسطة كبيرا في السن ، وبطيئو التعلم فئة من التلاميذ تقل نسبة ذكائهم عن المتوسط إذ تقع نسبة ذكاء التلميذ بطيء التعلم في الحدود بين المتخلفين عقلياً ومتوسطي الذكاء ، وهذه الفئة من التلاميذ تتوقع منها إذا بذلت جهداً عادياً أن يكون تحصيلهم أقل من المتوسط لذلك فإنهم يحتاجون أسلوباً خاصاً في التعامل معهم ورعايتهم بما يتناسب مع استعداداتهم العقلية .(رجاء أبو علام ، نادية شريف ، 1995 ، ص 205).

وتشير" نادية عبد العظيم" ، (1991) إلى أن بطيء التعلم هو التلميذ الذي تنقصه القدرات العقلية التي تمكنه من التحصيل الدراسي لمن هو في نفس عمره الزمني وتتراوح نسبة ذكائه بين (70 - 90) درجة (نادية عبد العظيم ، 1991 ، ص 45).

ويشير" حنفي إسماعيل" ، (1991) إلى أن بطيء التعلم في الرياضيات هو التلميذ الذي يعاني من ضعف دائم في تحصيله للرياضيات وينخفض تحصيله عن متوسط تحصيل زملائه في الفصل بصفة مستمرة نتيجة لمعاناته من صعوبات في التعلم (حنفي إسماعيل ، 1991 ص 101).

ويشير "شلبي سعيد" ، (1992) إلى أن بطيئي التعلم في الرياضيات أنهم فئة التلاميذ الذين تتراوح نسبة ذكائهم بين (75 - 90) درجة ومستوى تحصيلهم في الرياضيات أقل من مستوى أقرانهم في نفس الفصل الدراسي وعادة ما يتساوون في عمرهم الزمني مع أقرانهم إلى حد كبير (شلبي سعيد 1992 ، ص 51).

هـ- التلميذ منخفض التحصيل:

عادة ما يميل منخفض التحصيل إلى تكوين اتجاهات سالبة نحو نفسه ونحو مدرسته وذلك كنتيجة للشعور بالفشل والنقص والشعور بالنبذ من المدرسة أو المنزل مما يؤدي إلى الإحباط الذي يدفع البعض منهم إلى العدوانية نحو الزملاء أو نحو المدرس أو المدرسة ، أما البعض منهم فقد يتحول إلى انطوائي في المدرسة أو المجتمع ونجد أن منخفض التحصيل يتقبل ذاته على أنه فاشل أو منبوذ أي مفهومه سلبي عن الذات (محمود عطا ، 1978 ، ص 18).

ومنخفض التحصيل هو تلميذ يفشل في استخدام القدرات التي يمتلكها ، بمعنى أن تحصيله الأكاديمي لا يتفق مع ما يتوقع منه بناء على مستوى ذكائه ، أي أن التلميذ ضعيف التحصيل قد يكون ذا ذكاء مرتفع ولكنه متوسط التحصيل أو تلميذ متوسط الذكاء وضعيف التحصيل.(نادية عبد العظيم 1991 ، ص 46 - 47).

و تشير الدراسات المختلفة التي تمت حول التلميذ ضعيف التحصيل إلى أنه يتصف عادة بانخفاض نسبة وجود الدافع للتعلم والتحصيل ، وانخفاض نسبة الثقة بالنفس والشعور بالمسئولية وجدية الهدف والقدرة على التصرف تحت الضغط النفسي والاهتمام الأخرين وذلك بمقارنته بالتلاميذ متفوقى التحصيل ، كما أنه عادة ما يكون اتجاهاته سالبة نحو المدرسة وميله بسيط للقراءة ، وعدم الرغبة في الدخول في المناقشة وليس لديه آمال أو أهداف واقعية ، ويتميز ضعيف التحصيل بمستوى منخفض من التحليل والتميز والسرعة في الوصول إلى النتائج دون دراسة وتمحيص والبعد عن المنطق وعدم القدرة على التفكير المنطقي (صفاء بحيري 2002 ص 18).

خصائص التلاميذ ذوي صعوبات التعلم

لقد حظي موضوع خصائص التلاميذ الذين يعانون من صعوبات في التعلم باهتمام بالغ من جانب الكثير من العاملين في مجال التربية وسوف يتم عرض الخصائص التى أجمع عليها معظم المختصين في مجال صعوبات التعلم وتنقسم هذه الخصائص إلى خصائص معرفية خصائص سلوكية.

و فيما يلي توضيح لكل منهما :

أ- الخصائص المعرفية :

يفترض أصحاب هذا الاتجاه في تفسير صعوبات التعلم أن كثيراً من التلاميذ أصحاب صعوبات التعلم ذوي قدرات سليمة ومع ذلك فإن أساليبهم المعرفية غير ملائمة لمتطلبات حجرة الدراسة ، وهذه الأساليب تؤثر على النتائج التي يتوصلون إليها مع التعلم ويرون أن التلميذ صاحب صعوبة التعلم يختلف عن أقرانه في أساليبهم في استقبال المعلومات وتنظيمها والتدريب على تذكرها ، وأن هؤلاء التلاميذ يتعلمون بشكل جيد يتناسب المهام المدرسية مع أساليبهم المعرفية المفضلة . (محمد كامل 1998، ص 186 - 187).

ويذكر "أنور الشرقاوي"، (1991) أن هؤلاء التلاميذ يظهرون تناقصاً واضحاً بين التحصيل الدراسي المتوقع منهم والتحصيل الدراسي الفعلي لديهم؛ لذا

فإنهم يوصفون بأنهم منخفضو التحصيل إلا أن ذكاءهم متوسط أو فوق المتوسط (أنور الشرقاوي، 1991، ص 78) .

ويشير " خالد مطحنة"، (1994) أن هؤلاء التلاميذ يعانون من قصور في الخطط التي تساعد على تعلم أفضل ولا يستطيعون تصنيف ما يتعلمونه ويعانون من ضعف في التفكير المجرد كما لا يستطيعون إتباع التعليمات.(السيد مطحنة، 1994، ص 58) .

ويري " السيد عبد الحميد سليمان"، (2000) أن التلاميذ ذوي صعوبات التعلم عادة ما تجدهم يميلون إلى الاندفاع المعرفي في أداء ما يوكل إليهم من مهام أكاديمية، فهم لا يميلون إلى المناظرة وتفحص بدائل الإجابة في الموقف التعليمي إذ في العادة ما تراهم متسرعين غير مترويين في ربط المعطيات وما تشير إليه الإجابات، والبدائل، والانتقاء للإجابة الصحيحة من بينها، وهذا يظهر واضحاً عندما يقدم للتلاميذ ذوي صعوبات التعلم اختباراً يقوم على الاختيار من متعدد، فسرعان ما يختارون الإجابة، وغالباً ما تكون خطأ دون تفحص بدائل الإجابات الأخرى. (السيد سليمان ، 2000 ص 235 - 236) .

ب - الخصائص السلوكية :

تنتشر بعض الخصائص السلوكية بين التلاميذ ذوي صعوبات التعلم, وتؤثر على مستوى تقدمهم في المدرسة وعدم قابليتهم للتعلم، كما تؤثر على قدرتهم في التعامل مع الأخريين سواء كان ذلك داخل المدرسة أو خارجها. وتظهر عليهم أعراض اضطرابات السلوك وتختلف حدة تلك الاضطرابات من تلميذ إلى آخر حسب درجة ونوع الصعوبة لديه.

وهناك العديد من المؤشرات السلوكية التي كشف عنها ، ومن هذه المؤشرات:

توقع الفشل، عادات تعليمية خاطئة، الانخفاض الواضح في مستوى الإنجاز والواقعية، غرابة السلوك و عدم اتساقه، التباين الواضح بين الأداء الفعلي والأداء المتوقع، سعة انتباه قصيرة أو ضحلة و الافتقار إلى التركيز، بطء ملحوظ في القراءة، تقلب حاد في المزاج (أحمد عواد 1996، ص 101) .

والخصائص السلوكية لدى التلاميذ ذوي صعوبات التعلم قد تكون بعضها شائعاً لدى التلاميذ بدرجة شديدة ومنها ما يوجد بمعدل متوسط أو قليل، كما تعد الخصائص السلوكية أحد العوامل التي تستخدم في الكشف عن التلاميذ ذوي صعوبات التعلم.

كما توجد بعض الدراسات توضح الخصائص السلوكية للتلاميذ ذوي صعوبات التعلم ويمكن الحديث عنها بإيجاز فيما يلي:

يشير "محمود عبد الحليم منسي"، (1981) أن من أعراض التلميذ صاحب صعوبات التعلم هي قلة الاهتمام بالمدرسة والغياب المتكرر وتشتت الانتباه وعدم القدرة على التركيز وضعف الذاكرة واضطراب المحادثة وكثرة الشجار مع الزملاء في الفصل الدراسي وعدم تقبلهم له تعتبر من الأعراض المصاحبة لصعوبات التعلم (محمود منسي، 1981، ص 175-180).

ويري "أنور الشرقاوي"، (1987) أن إحساس التلميذ صاحب الصعوبة بالعجز والشعور بالنقص لعدم القدرة على الوصول إلى مستوى زملائه سواء في التحصيل الدراسي أو في المناقشات التي تدور في الفصل وكذلك نقص بعض المهارات لديه عما يكون لدى أقرانه وانخفاض مستوى ثقته بنفسه كما يدل هذا العامل على إحساس التلميذ بعدم الاستقلال والاعتماد على الأخرين في بعض الأمور والشعور بالخجل والخوف من الفشل مما ينمي لديه بعض المشاعر الدونية تعتبر عرضاً من أعراض صعوبات التعلم. (أنور الشرقاوي، 1987، ص 107).

ويشير "السيد صقر"، (1992) إلى أن التلاميذ أصحاب صعوبات التعلم لا يستفيدون من أنشطة وخبرات التعلم المتاحة لهم في الفصل الدراسي وخارجه، كما يتصفون بالتراخي والكسل (السيد صقر 1992، ص 43).

كما يشير " بويل"، (1994) Powell أن هؤلاء التلاميذ يعانون من شرود في الذهن، حيث لا يستطيعون تركيز الانتباه للفترة المناسبة لتعلم المهارة المطلوبة، كما يتصفون بعدم المبالاة داخل الفصل الدراسي و خارجه، و تكرار الفشل في تعلم المهارة المطلوب تعلمها، كما أنهم يظهرون نشاطاً زائداً إذا ما قورنوا بمعدلات

التلاميذ، بالإضافة إلى أنهم يظهرون اندفاعا في الحركات و الكلمات (Powell, 1994, p.97).

ويشير "برير" Brier، (1994) أن هؤلاء التلاميذ يشعرون بالعجز عن متابعة دراستهم وأنهم لا يستطيعون أن يصلوا إلى ما وصل إليه زملاؤهم الآخرون فينتابهم إحساس بالفشل والإحباط وتنخفض لديهم درجة الثقة بالذات وهذا يساعد على زيادة تعقد صعوبتهم (Brier, 1994, p.15).

ويشير" محمد كامل"، (1998) إلى أن" فاليت"، (1969) توصل إلى سبعة خصائص غالباً ما تكون شائعة لدى ذوي صعوبات التعلم وهي:

- تكرار الفشل الأكاديمي في المراحل التعليمية.
- وجود عجز أو خلل بيئي أو فيزيقي يؤثر على صعوبات التعلم.
- اضطراب وشذوذ في الدافعية.
- القلق المستمر وغير المحدود.
- سلوكيات شاذة وعنيفة (غير مستقرة).
- القصور في القدرة على التعلم.
- أن هؤلاء التلاميذ يحتاجون إلى تقييم كامل لتحديد الصفات والخصائص السلوكية لديهم حتى لا يتم تشخيصهم بأنهم من المتخلفين عقلياً (محمد كامل، 1998، ص 166 - 167).

ويري "فتحي الزيات"، (1998) أن صعوبات التعلم التي يعاني منها الطالب تستنفد جزءاً عظيماً من طاقاته وتسبب له اضطرابات توافقية تترك بصماتها على مجمل شخصيته فتبدو عليه مظاهر سوء التوافق الشخصي الاجتماعي ويكون أميل إلى الانطواء، الاكتئاب، الانسحاب وتكوين صورة سالبة عن الذات (فتحي الزيات، 1998، ص 97).

ويري "جابر عبد الحميد"،(1998) أن التلاميذ ذوي صعوبات التعلم قد يكون لديهم خجل مفرط، وفرط في التوكيديه والعدوانية (جابر عبد الحميد، 1998، ص 76).

وكثيرا ما تؤدي هذه الخصائص السلوكية بالمدرسين إلى تكوين تعميمات جامدة عن هذه الفئة من التلاميذ، ويتقاعسون عن مد يد العون لهم بمهام تدريسيه تتسم بالمثابرة والحساسية تساعدهم على النجاح و أن هذه الخصائص تؤثر على صبر المدرس، وعزيمته وهما خاصيتان حيويتان ضروريتان إذا أريد لهؤلاء التلاميذ أن يتعلموا (السيد عبد الحميد، 2000، ص 73 - 75).

ومن خلال ما تم عرضه من خصائص التلاميذ ذوي صعوبات التعلم يمكن استخلاص خصائص التلاميذ ذوي صعوبات التعلم في النقاط التالية:

◆ التحصيل الدراسي أقل من المستوى العقلي.

◆ الاندفاع المعرفي في أداء ما يوكل إليهم من مهام أكاديمية.

◆ التشتت وعدم المبالاة داخل الفصل الدراسي وخارجه.

◆ تكرار الفشل في تعلم المهارة المطلوب تعلمها.

◆ النشاط المفرط إذا ما قورنوا بالتلاميذ العاديين.

◆ الاندفاع في الحركات والكلمات.

◆ لا يعانون من أية إعاقات حسية، جسمية، أو انفعالية.

◆ يعانون من صعوبات ذات طبيعة سلوكية مثل التذكر، النطق، اللغة، الإدراك، والقراءة، والكتابة، أو الحساب.

◆ قد يكون لديهم فرط في الخجل أو العدوانية.

* * *

أسباب صعوبات التعلم

هناك أسباب عديدة يتدخل كل منها بصورة مباشرة أو غير مباشرة في صعوبات التعلم يحاول أن نستعرضها فيما يلي:

يشير" فاروق الروسان"، (1987) إلى أن صعوبات التعلم ترجع لأسباب مختلفة تتمثل في:

◆ العوامل العضوية والبيولوجية كإصابة الدماغ أو الخلل الدماغي الوظيفي البسيط.

◆ العوامل الجينية.

◆ عوامل بيئية (فاروق الروسان، 1987، ص 245 - 262) .

◆ ويشير "إلينوي" Illinoy في اختباره للقدرات النفس لغوية إلى أن هناك ثلاث مصاحبات ترتبط بصعوبة التعلم وهي:

◆ مصاحبات فيزيقية: وتتمثل في ضعف البصر، ضعف السمع وسوء التغذية.

◆ مصاحبات بيئية: وتتمثل في الحرمان الأسري، ونقص الخبرة المدرسية والنطق بلغتين.

◆ مصاحبات نفسية: وتتمثل في قصور المهارات اللفظية، وضعف القدرات العامة وبطء الفهم و ضعف التمييز بين الكلمات (Kirk & Kirk, 1971, p. 53) .

وهناك بعض الدراسات ترى أن هناك أسباباً أخرى أكثر صلة بصعوبات التعلم ومنها:

أسباب مدرسية:

و تتمثل في المدرسة وإمكاناتها مثل عدم توافر وسائل تعليمية مناسبة، وعدم دراية المعلم بخصائص نمو التلاميذ، ونقص الإعداد الأكاديمي والتربوي للمعلم، وصعوبة المناهج الدراسية، وعدم وضوح أهداف التدريس، والعلاقة السيئة بين

المعلم والتلميذ وعدم تحقيق المنهج لميول واتجاهات التلاميذ (صفاء بحيري 2001 ص30).

أسباب نفسية:

وتتمثل في العيوب الخلقية مثل التهتهة، وكثرة الثرثرة بين التلاميذ داخل حجرة الدراسة، والميل السلبي للتعلم، والتوتر، والقلق، وعدم الثقة بالنفس، والانطواء والتسرع والاعتماد على الآخرين (Gates & Beacock, 1997, p. 19).

أسباب صعوبات تعلم الرياضيات

يجمع الباحثون في مجال صعوبات تعلم الرياضيات على أن المنهج المقرر لتدريس الرياضيات للتلاميذ ذوي صعوبات التعلم لا يخصص له الوقت الكافي لتدريسه من حيث التطبيقات التدريبية التي تصل بهؤلاء التلاميذ إلى مستوى التلاميذ العاديين (Carine, 1997, pp. 57 - 37).

كما يجمع الباحثون على أن تدريس القواعد الأساسية للرياضيات في المدارس الشاملة بها الكثير من نقاط الضعف التي تتمثل فيما يلي:

- عدم الاهتمام الكافي بضرورة توافر المعلومات السابقة.
- السرعة أو الإيقاع السريع في تقديم العديد من المفاهيم، وعدم التأكد من هضمها أو استيعابها.
- الافتقار إلى الترابط المنطقي في عرض وتقديم استراتيجيات تناول الرياضيات.
- سوء الاتصال والتواصل والافتقار إلى التركيز والممارسة الكافية خلال العديد من الأنشطة التدريسية.
- عدم الاهتمام بتقديم الممارسة الموجهة للانتقال بالتلاميذ إلى ممارسة تتناول الرياضيات ذاتياً وعلى نحو مستقل.

♦ عدم اهتمام التلاميذ والمدرسين بمراجعة المقررات السابقة وإحداث نوع من التكامل والاستمرار في تناول الرياضيات (Vaughn & Wilson, 1994, p.459- 472) ، (Engleman,et aI, 1991, p. 292 - 303).

مظاهر صعوبات تعلم الرياضيات

أ- ضعف الإعداد المسبق لتعلم الرياضيات:

صعوبات تعلم الرياضيات لدى العديد من التلاميذ تحدث نتيجة لضعف الإعداد المسبق للرياضيات في المرحلة الابتدائية، والتي تتمثل في الأساسيات الرياضية مثل الجمع، الطرح والضرب والقسمة، وكذلك المفاهيم الأساسية في الهندسة بل يمتد الأمر إلى أبعد من ذلك ويتمثل في عدم قدرة العديد من التلاميذ على القراءة مما يعد هذا دليلاً على أن الإعداد الجيد لتعلم الرياضيات قد يُحد من صعوبات تعلم الرياضيات في المراحل اللاحقة.

ب- اضطرابات إدراك العلاقات المكانية:

تشير الدراسات والبحوث التي أجريت في مجال صعوبات تعلم الرياضيات إلى أن التلاميذ ذوي الصعوبات لديهم اضطرابات ملموسة في إدراك العلاقات المكانية عند اللعب بالأشياء التي يمكن أن تتداخل مع بعضها البعض أو يتم تركيب أي منها مع الآخر، وهذه الأنشطة تنمي لدى التلميذ الإحساس بالحجم، المسافة، أكبر من، أصغر من.

كما أشارت بعض الدراسات إلى أن آباء التلاميذ ذوي صعوبات التعلم يقررون أن أبناءهم لا يستمتعون ولايقبلون على اللعب بالمكعبات أو النماذج أو التراكيب كغيرهم من أقرانهم العاديين في نفس المدى العمري وعادة يفتقر التلاميذ ذوو صعوبات التعلم إلى مثل هذه الخبرات، وأنهم غالباً ما يكتسبون صعوبات تعلم الرياضيات بسبب ارتباكهم واضطرابهم وعدم تمييزهم بين مفاهيم مثل أعلى / أدني فوق / تحت، قمة / قاع، عالي / منخفض، قريب / بعيد، أمام / خلف، بداية / نهاية أكبر / أصغر / يساوي، أطول / أقصر. . . ويمكن أن يتداخل

اضطراب العلاقات المكانية مع فهم التلاميذ لهذه المفاهيم (فتحي الزيات، 1998، ص 500 - 550).

جـ- اضطرابات الإدراك البصري والتعرف على الرموز :

إن التلاميذ ذوي صعوبات تعلم الرياضيات يكتسبون صعوبات في الأنشطة التي تتطلب القدرات الحركية البصرية، والقدرات الإدراكية البصرية، ويبدو هذا من خلال عدم قدرة بعض هؤلاء التلاميذ على عد الأشياء في سلسلة من الأشياء المصورة عن طريق الإشارة إليها بقوله (1 - 2 - 3 - 4) حيث يتعين أن يتعلم هؤلاء التلاميذ هذه الأعداد أو بالتدريب على أشياء حقيقية محسوسة أي مسك الأشياء وهي مهارة مبكرة تقوم على النمو الإدراكي (فتحي الزيات 1998، ص 550).

والتلاميذ ذوو صعوبات تعلم الرياضيات يجدون صعوبة بصرية في استقبال وإدراك الأشياء الهندسية وهي صعوبة منشأها صعوبات الإدراك البصري حيث يصعب عليهم إدراك العلاقات المكانية ومن ثم إصدار أحكام أو تقديرات للأشكال ثنائية البعد أو ثلاثية البعد وفي إدراك الأعداد والحروف.

وهؤلاء التلاميذ يكون أداؤهم في إجراء العمليات الحسابية وفي الكتابة اليدوية أقل بصورة ملموسة عن أقرانهم، كما أنهم لا يستطيعون قراءة كتاباتهم للأرقام والحروف على نحو صحيح ونتيجة لذلك فإنهم يقعون في الكثير من الأخطاء الحسابية؛ ولذا يتعين تدريبهم المستمر على كتابة الأرقام أو الأعداد حتى يتم إتقانهم لها على نحو صحيح وخاصة في عمليات الجمع والطرح والضرب والقسمة والتمييز بين خانات الآحاد والعشرات والمئات حيث تمثل أكثر الأخطاء شيوعاً بين التلاميذ ذوي صعوبات التعلم عموماً وصعوبات تعلم الحساب بوجه خاص(Bley , N . S & Thomton, 1989, p. 83).

د- اضطرابات اللغة وصعوبات قراءة وفهم المشكلات الرياضية:

إن صعوبات تعلم الرياضيات يمكن أن تنشأ من صعوبات تفسير التلميذ للمفاهيم أو الألفاظ الرياضية أو الحسابية، فقد يكتسب التلميذ بعض نتيجة

تداخل العديد من المفاهيم الرياضية أو عدم تميزه بينها مثل (+ ، -)، الجمع والطرح، والآحاد، العشرات، المئات الألوف.

وقد لوحظ أن هؤلاء التلاميذ يجدون صعوبات في حل المشكلات الحسابية التي تقدم أو تصاغ في قالب لفظي، بينما يمكنهم حل بعض هذه المشكلات عندما تقدم في صورة عمليات حسابية مجردة.

كما تتمثل هذه الصعوبات في عدم قدرتهم على تمثيل محددات المسألة أو المشكلة أو ترجمة هذه الصياغات أو التراكيب اللغوية إلى صياغات أو معدلات أو قيم أو مفاهيم رياضية أو حسابية (Cawley, et al, 1992, p. 40-43).

هـ - اضطرابات الذاكرة:

يرتبط تحقيق النجاح في الرياضيات وفي تعلم إجراء العمليات الحسابية بمدى فهم التلميذ للنظام العددي والقواعد التي تحكم التعامل معه. حيث تصبح حقائق العمليات المتعلقة بالجمع والطرح والضرب والقسمة وإجرائها تتم بطريقة آلية.

والتلاميذ الذين يعانون من قصور أو اضطرابات في الذاكرة، أو نظام تجهيز ومعالجة المعلومات قد يفهمون حقائق النظام العددي والقواعد التي تحكمه، لكنهم يجدون صعوبات في استرجاع عدد من هذه الحقائق بالسرعة أو الكفاءة أو الفاعلية المطلوبة، والتلاميذ الذين لا يتعاملون مع هذه الحقائق عند مستوى الآلية أو الأتوماتيكية يستنفذون الكثير من الوقت والجهد في إجراء العديد من الأنماط المختلفة للعمليات الحسابية (فتحي الزيات 1998، ص 553).

* * *

تشخيص صعوبات التعلم

قدم العديد من العلماء والمهتمين بميدان صعوبات التعلم بعض الخطوات التي تُتبع عنـد تشخيص وعلاج صعوبات العلم، والتي يمكن الاستعانة بها في التشخيص والعلاج إذا كانت هـذه الخطوات تتلاءم مع طبيعة أفراد العينة، ومن بين هذه الخطوات ما يلي:

قدم "سيد عثمان" (1979) تصورا لبرنامج تعلم علاجي في المدرسة وأشار إلى الأصول العامة التي يجب أن تراعى في إنشائه وحركته وهي:

◆ أن يكون هناك جهاز متخصص خارج المدرسة يكون جزءا متكاملا مع النظام العام في المدرسة.

◆ أن يكون جزءا متكاملا مع النظام العام في المدرسة.

◆ أن يكون له أعضاء أساسيين مدربين على العمل في التعلم العلاجي.

◆ أن يشارك هؤلاء الأعضاء في التدريس ولكن غالب عملهم يكون في توجيه أنشطة التعلم العلاجي.

◆ أن يتولى الأعضاء التشخيص الأولي لصعوبات التعلم ومشكلاته للتلاميذ الذين يحولون إليه ممن يتعرف عليهم مدرسوهم ويوجه كل تلميذ حسب مستوى صعوبته.

◆ يكون هذا الجهاز متخصصا ومسئولا، بالمشاركة مع المدرسين على العلاج والتقويم والمتابعة.

◆ يكون في برنامج رعاية من يعالجون خارج المدرسة علاجا غير تعليمي وكذلك تأهيلهم تعليمياً بعد انتهاء علاجهم أو في مراحله الأخيرة.

◆ يعمل هذا الجهاز بمثابة وحدة تدريب للمدرسين وبعض التلاميذ، على أن يساعدوا ويسهموا في برامج التعلم العلاجي.

◆ من الممكن أن يكون لأكثر من مدرسة متجاورة جهاز مشـترك يتـولى التشـخيص وتوجيـه برامج العلاج بينها.

◆ لهذا الجهاز أن يستعين بأية عناصر خارج المدرسة.

◆ ليكن هذا الجهاز أو النظام المتكامل مع النظام العام في المدرسة بداية لإنشاء جهاز يقدم كافة الخدمات النفسية – التعليمية – التربوية – الاجتماعية للتلاميذ.

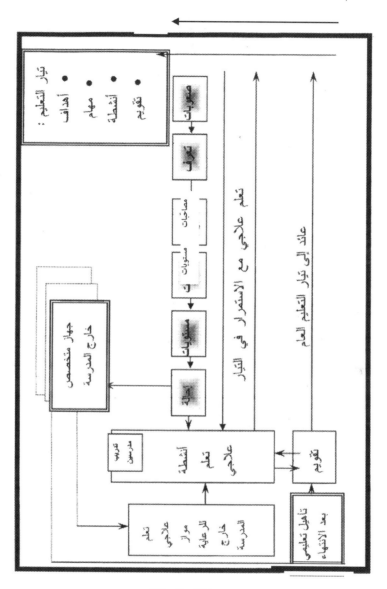

شكل رقم (1)

تخطيط لنظام علاجي في المدرسة

(سيد عثمان ، 1979 ، 36 - 38)

و قد اقترح " كيرك و كالفانت" خطة مكونة مـن سـت مراحـل تهـدف إلى التعـرف عـلى التلاميذ ذوي صعوبات التعلم و هي موضحة في المخطط التالي:

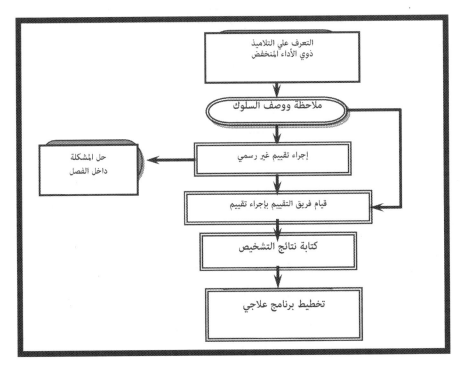

التعرف على التلاميذ
ذوي الأداء المنخفض

ملاحظة ووصف السلوك

حل المشكلة
داخل الفصل

إجراء تقييم غير رسمي

قيام فريق التقييم بإجراء تقييم

كتابة نتائج التشخيص

تخطيط برنامج علاجي

شكل رقم (2)

خطة تهدف للتعرف على التلاميذ ذوي صعوبات التعلم

(كيرك وكالفانت،ترجمة زيدان و عبد العزيز السرطاوي، 1998 ، ص 83 - 89)

وقد حظي مجال صعوبات التعلم بوسائل وفنيات متقدمة للغاية بالنسبة لتقـدير درجـة ومجال الصعوبة. وتشخيص صعوبات التعلم لا يعني وجود هذه الصعوبات أو عدمـه فحسـب بل يعني تحديد درجتها أيضاً ، أي إن عملية تشخيص صعوبات التعلم تهدف إلى تحديـد هـذه الصعوبات والتعرف على أسبابها، ومن ثم وضع البرامج التعليمية المناسبة لها .

وعادة ما يتم جمع المعلومات التشخيصية عن حالة التلميذ صاحب الصعوبة عن طريق إجراء مجموعة من الاختبارات والمقاييس المعروفة في ميدان صعوبات التعلم، ومن أهم هذه الاختبارات ما يلي:

أ- اختبار القدرة العقلية

إن الهدف من استخدام اختبارات القدرة العقلية مثل مقياس" وكسلر" Wexler لذكاء التلاميذ هو تحديد مدى الكفاءة العقلية للتلميذ. إذ يعتبر تحديد القدرة العقلية للتلميذ المعيار الأول في تشخيص مظاهر صعوبات التعلم التي يعاني منها التلميذ فإذا أثبتت اختبارات الذكاء أن القدرة العقلية للتلميذ تقع ضمن حدود الاعتدال أي ما بين نسبة ذكاء 85 إلى 115درجة، وأظهر التلميذ في الوقت نفسه قصوراً واضحاً في التحصيل الأكاديمي، فإن ذلك يعد مؤشراً أولياً إلى وجود حالة من حالات صعوبات التعلم (السيد صقر، 1992، ص 29).

ب- الاختبارات محكية المرجع

لقد تعددت التعريفات الخاصة بالاختبارات المرجعة إلى المحك، فهناك ما يزيد عن ستين تعريفاً لهذه الاختبارات تتشابه في بعض عناصرها وتختلف في البعض الآخر، وربما يرجع ذلك إلى حداثة مفهوم الاختبارات المرجعة إلى المحك وتعدد أنواعها كما يرجع إلى عدم الاتفاق حول مفهوم المحك الذي تُنسب إليه درجات الطالب في هذه الاختبارات.

وهناك تعريفات خاصة بالاختبارات المعدة لقياس الأداء في ضوء مستويات الأداء النسبية ومنها تعريف "جليزر ونتكو"، Claser & Nitko (1971) وهو أن الاختبارات المرجعة إلى المحك اختبارات تُبنى عن قصد لإعطاء درجات قابلة للتفسير في ضوء مستويات أداء نسبية ويتفق معه" بيجز ولويس" على أنها محاولة لقياس وتفسير المعلومات، والمهارات التي تعلمها وأتقنها التلميذ في فترة زمنية محدودة ويكون هذا التفسير في ضوء ما يجب أن يؤديه التلميذ في تلك الفترة الزمنية (محمود إبراهيم، 1990، ص 20).

وقد أظهرت الدراسات الحديثة فاعلية الاختبارات المرجعة إلى المحك في الكشف عن الصعوبات التي تواجه التلاميذ في مادة ما (Clark, Burton, 1991, p. 30).

ويعرِّفها "محمود إبراهيم"، (1990) بأنها الاختبارات التي تبنى في ضوء أهداف سلوكية محددة تحديداً جيداً وفي ضوء مستويات أداء محددة مسبقاً لكل هدف سلوكي ويكون تفسير نتائجها بالنسبة للأفراد في ضوء هذه المستويات سابقة التحديد كما أنها تستخدم في تصنيف الأفراد إلى حالات الإتقان (متقن / غير متقن Master / Non-Master)(محمود إبراهيم 1990، ص 37).

ويعرِّف "محمد فتح الله"، (1995) الاختبارات المرجعة إلى المحك على أنها " اختبارات تستخدم لتحديد مكانة المتعلم على متصل الكفاية لمجال سلوكي معرف تعريفاً دقيقاً وبالتالي يميز بين المختبرين بحسب درجة إتقانهم لهذه الكفاية. ويعرِّفها "صلاح علام"،1995على أنها الاختبارات التي ينسب فيها أداء الفرد إلى مستوى أداء مطلق ولا يكون الاهتمام فيها منصباً على مقارنة الفرد بغيره من أقرانه. ويعرِّفها "تاكمان" Tuckman على أنها اختبارات تفسر درجات الأفراد فيها وفق محك مطلق دون وجود محكات أخرى (صلاح علام، 1995، ص 213).

والتعريف السابق يقودنا إلى تعريف التعلم للإتقان وفيما يلي بعض التعريفات التي تناولت التعلم للإتقان:

وتعرِّف "نادية عبد العظيم"، (1991) على أنه وصول التلاميذ إلى مستوى من التحصيل، يحدد لهم مسبقاً كشرط لنجاحهم في دراستهم للمنهج أو المقرر المقدم لهم، وعادة ما يستخدم معيار (90 / 90 / 90) ويقصد به أن يصل 90 % من التلاميذ إلى مستوى تحصيل 90 % من الأهداف في 90 % من حالات تقويمهم (نادية عبد العظيم، 1991، ص 137).

يعرِّف "حسن العارف"، 1992 التعلم للإتقان على أنه أسلوب منظم، ومخطط مبني على أسس متحدة من العلوم السلوكية، وهذا الأسلوب ذو فاعلية كبيرة في تحقيق الأهداف التعليمية المختارة حيث ينبغي أن يحقق المعلم 80 % فأكثر

من الأهداف متبعاً في ذلك استراتيجيات التعلم للإتقان الأكثر ملائمة له، ويعتمد هذا النوع من التعلم على التقويم التكويني في مسار العملية التعليمية. (حسن العارف، 1992، ص 75).

وبعد الاطلاع على كثير من التعريفات والدراسات التي تناولت التعلم للإتقان فيمكن تعريف التعلم للإتقان على أنه "ذلك التعلم الذي يحققه مالا يقل عن 80 % من التلاميذ بدرجة إتقان لا تقل عن 70 % كدرجة قطع وذلك على الاختبار التشخيصي لصعوبات تعلم الرياضيات".

وسوف نتناول تشخيص صعوبات تعلم الرياضيات بالتفصيل في الفصل الخامس.

***

الفصل الثاني
دراسات تناولت صعوبات التعلم

الفصل الثاني
دراسات تناولت صعوبات التعلم

دراسات تناولت صعوبات التعلم بصفة عامة

دراسة "جيودي" Joudy (1988)

هدفت هذه الدراسة إلى تحديد المؤثرات النمائية التربوية التي تؤثر على حل المشكلة لدى التلاميذ العاديين والتلاميذ ذوي صعوبات التعلم، بلغت عينة الدراسة (48) تلميذا من الذكور ذوي صعوبات التعلم، (48) تلميذا من الذكور العاديين في مرحلة عمرية (8 - 13) سنة، وطبق عليهم اختبار يشبه مجموعة من الألعاب يتكون من عشرين سؤالاً، وقد تم تحديد نسبة ذكاء ذوي صعوبات التعلم في هذه الدراسة (85 - 115) درجة مما يدل على أن ذكاءهم متوسط أو أعلى من المتوسط.

توصلت هذه الدراسة إلى عدة نتائج كان من أهمها:

◆ التلاميذ ذوو صعوبات التعلم يعانون من نقص في مهارة حل المشكلات بينما العاديون أفضل أداء في مهارة حل المشكلة.

◆ يتصف التلاميذ ذوو صعوبات التعلم بالكسل وسوء تطبيق المعارف وسوء التكيف وقصور الإدراك الحركي.

◆ التلاميذ ذوو صعوبات التعلم يحتاجون تدريبات أكثر من أقرانهم العاديين.

دراسة "أحمد عواد" (1988)

هدفت إلى تحديد أهم الصعوبات الشائعة في مادة اللغة العربية وتقديم برنامج لعلاجها، وقد تمثلت هذه الصعوبات في صعوبة القراءة والكتابة والهجاء، وقد تكونت عينة الدراسة من (30) تلميذا من ذوي صعوبات التعلم من تلاميذ الصف الخامس الابتدائي في (6) مدارس بإدارة شبين القناطر تم تقسيمهم إلى

مجموعتين، مجموعة ضابطة قوامها (15) تلميذا ومتوسط عمرهم الزمني (134.7) شهرا ومتوسط ذكائهم (113.33) ومجموعة تجريبية قوامها (15) تلميذا متوسط عمرهم الزمني (132.27) شهراً ومتوسط ذكائهم (112.33) وذلك طبقاً لاختبار الذكاء المصور لأحمد زكى صالح، وقد تم تشخيص عينة ذوي صعوبات التعلم بحيث يكون ذكاؤهم متوسطاً أو أعلى من المتوسط ويحصلون على تقدير أقل من (60 %) في استبيان تشخيص صعوبات التعلم من إعداد الباحث واستفتاء الشخصية للمرحلة الابتدائية بعد تطبيق البرنامج على مدى (80) ساعة بواقع أربع جلسات كل يوم تستغرق كل جلسة (35) دقيقة باستخدام اختبارات وأسلوب تحليل التباين.

توصلت هذه الدراسة إلى عدة نتائج كان من أهمها:

◆ توجد فروق ذات دلالة إحصائية عن مستوى (0.01) بين درجات المجموعة التجريبية والمجموعة الضابطة في دقة القراءة، الكتابة، الفهم والتعبير لصالح المجموعة التجريبية.

◆ توجد فروق ذات دلالة إحصائية عند مستوى (0.01) بين درجات القياس القبلي ودرجات القياس البعدي في دقة القراءة، الكتابة، الفهم والتعبير لصالح القياس البعدي وذلك لصالح المجموعة التجريبية.

دراسة " فتحي الزيات" (1988)

هدفت هذه الدراسة إلى الكشف المبكر عن ذوي صعوبات التعلم من تلاميذ المرحلة الابتدائية من خلال الخصائص السلوكية التي ترتبط بذوي صعوبات التعلم كما استهدفت أيضاً الكشف عن بعض الخصائص الانفعالية لذوى صعوبات التعلم وتكونت عينة الدراسة من (344) تلميذاً من تلاميذ المرحلة الابتدائية بالمملكة العربية السعودية موزعة على الصفوف الدراسية من الثالث الابتدائي حتى الأول المتوسط وطبق عليهم مقياس تقدير الخصائص السلوكية لذوى صعوبات التعلم واختبار مفهوم الذات واختبار الشخصية للأطفال.

توصلت هذه الدراسة إلى عدة نتائج كان من أهمها:

◆ أن أنماط صعوبات التعلم الشائعة لدى أفراد العينة تتلخص في صعوبات الانتباه والفهم والذاكرة بنسبة 22.7%، وصعوبات القراءة والكتابة والتهجي بنسبة 20.6%، وصعوبات الإنجاز والدافعية بنسبة19.6% النمط العام لذوي صعوبات التعلم بنسبة 17.7 % وصعوبات انفعالية عامة بنسبة 14.3%.

دراسة "سوانسون" Swanson et al (1990)

هدفت هذه الدراسة إلى التعرف على التلاميذ ذوي صعوبات التعلم من خلال أدائهم على اختبارات الذاكرة العاملة. وتكونت عينة الدراسة من (96) تلميذاً من تلاميذ الصفين الرابع والسادس، منهم (60) تلميذاً من العاديين، (25) تلميذاً من ذوي صعوبات تعلم القراءة والحساب معاً، (11) تلميذاً من بطيئي التعلم، وطبق عليهم مقياس " وكسلر" لذكاء الأطفال.

توصلت هذه الدراسة إلى عدة نتائج كان من أهمها:

◆ وجود فروق بين المجموعات الثلاثة وكانت دائماً لصالح العاديين، وأن ذوي صعوبات التعلم يظهرون ضعفاً واضحاً في أداء هذه الاختبارات بالمقارنة بالعاديين وبطيئي التعلم وغير القادرين على تخزين ومعالجة المعلومات سواء لفظية أو غير لفظية.

دراسة "تيسير مفلح" (1990)

هدفت هذه الدراسة إلى معرفة حجم مشكلة التلاميذ ذوي صعوبات التعلم في المرحلة الابتدائية في مدارس مدينة أربد الأردنية وذلك على عينة قوامها (94) تلميذا وتلميذة بالصف الرابع موزعة على (16) مدرسة منها (8) مدارس للذكور و (8) مدارس للإناث، طبق عليهم مقياس لتشخيص حالات صعوبات التعلم كذلك طبق عليهم اختبار مصفوفات "رافن" المتتابعة للذكاء - المعربة والمقننة على البيئة الأردنية .

توصلت هذه الدراسة إلى عدة نتائج كان من أهمها:

◆ أن النسبة المئوية للتلاميذ ذوي صعوبات التعلم في مدارس مدينة أربد الأردنية حوالي 8.1 % وأن هذه النسبة لدى الذكور 9.2 % على حين كانت لدى الإناث 6.88 % .

◆ كما تشير نتائج هذه الدراسة إلى أن أكثر العوامل ارتباطاً بصعوبات التعلم هو الجانب غير اللفظي والذي يتضمن التناسق الحركي والجانب الشخصي والاجتماعي معاً.

دراسة محمد البيلي وآخرون (1991)

وهدفت هذه الدراسة إلى التعرف على نسبة التلاميذ ذوي صعوبات التعلم في اللغة العربية والرياضيات بدولة الإمارات، ومعرفة خصائص هؤلاء التلاميذ، وتم اختيار عينة عشوائية مكونة من (1008) تلميذاً وتلميذة بالصف السادس الابتدائي، طبق عليهم اختبارات تحصيلية في اللغة العربية والرياضيات، وتم اختيار أدنى (10%) من هؤلاء التلاميذ من حيث المستوى التحصيلي وتم تصنيفهم إلى (44) تلميذا وتلميذة من ذوي صعوبات تعلم اللغة العربية، (55) تلميذاً وتلميذة من ذوي صعوبات تعلم الرياضيات (40) تلميذاً وتلميذة من ذوي صعوبات تعلم اللغة العربية و الرياضيات.

توصلت هذه الدراسة إلى عدة نتائج كان من أهمها:

◆ تنتشر صعوبات التعلم بين تلاميذ الصف الثالث الابتدائي بنسبة 13.79% حيث اتضح من النتائج أن معظم منخفضي التحصيل في الرياضيات (90.16%) يواجهون صعوبات في تعلم مادة الرياضيات.

دراسة "فيصل الزراد" (1991)

هدفت هذه الدراسة إلى التعرف على التلاميذ الذين يعانون من صعوبات في التعلم ، وتحديد الصعوبات النمائية والأكاديمية في اللغة العربية والحساب التي يعانون منها ومعرفة ما إذا كانت هذه الصعوبات تختلف باختلاف المستويات الدراسية والجنس، وبلغت عينة الدراسة (500) تلميذ وتلميذة بدولة الإمارات

وطبق عليهم المحكات اللازمة لتحديد التلاميذ الذين يعانون من صعوبات في مجال التعلم وتم التوصل إلى (67) تلميذاً وتلميذة يعانون فعلاً من صعوبات في مجال التعلم بنسبة(13.7%) من العينة الأصلية، وكذلك قام الباحث بتصميم دليل المعلم لتحديد صعوبات التعلم والاستفادة من كشوف درجات التلاميذ في اللغة العربية والحساب والبطاقة المدرسية للتلميذ ، والسجل الصحي ، بالإضافة إلى اختبارين مصورين في الذكاء العام.

توصلت هذه الدراسة إلى عدة نتائج كان من أهمها:

♦ أن نسبة التلاميذ الذكور الذين يعانون من صعوبات في مجال التعلم بلغت (15.64 %) بينما بلغت هذه النسبة لدى الإناث (11.28%).

♦ كما وجد أن نسبة انتشار التلاميذ الذين يعانون من صعوبات التعلم تختلف باختلاف الصف الدراسي.

♦ وفي مجال الصعوبات النمائية توصلت الدراسة إلى أن الصعوبات المتعلقة باللغة والكلام تأتي في مقدمة الصعوبات النمائية يلي ذلك الصعوبات المتعلقة بالمدركات الحسية والحركية.

♦ أما بالنسبة للصعوبات الأكاديمية فقد جاءت الصعوبات المتعلقة بالحساب في المرتبة الأولى من حيث الحجم والأهمية.

دراسة "سيف الدين عبدون" (1991)

هدفت هذه الدراسة إلى إلقاء الضوء على الفروق بين الجنسين في مكونات صعوبات التعلم (صعوبة القراءة والكتابة وصعوبة تعلم العمليات الحسابية وصعوبة التعامل مع الآخرين في البيئة المدرسية) لدى كل من تلاميذ المرحلة الابتدائية الأزهرية وغير الأزهرية وتكونت عينة الدراسة من (139) تلميذاً من تلاميذ المرحلة الابتدائية الأزهرية (75) للذكور، (64) للإناث وأيضاً (113) تلميذاً من تلاميذ المرحلة الابتدائية غير الأزهرية (56) للذكور، و(57) للإناث، وطبق عليهم قياس صعوبات التعلم من إعداد الباحث.

توصلت هذه الدراسة إلى عدة نتائج كان من أهمها:

◆ عدم وجود فروق بين الأزهريين وغير الأزهريين في صعوبات القراءة والكتابة والحساب.

◆ عدم وجود أثر للتفاعل بين الجنسين ونوع التعلم على صعوبة القراءة والكتابة والحساب.

◆ وجود أثر للتفاعل بين الجنسين ونوع التعليم على مكونات الصعوبات ككل.

دراسة " وجيه عبد الغني" (1992)

هدفت هذه الدراسة إلى تشخيص صعوبات تعلم الكيمياء لدى طلاب المرحلة الثانوية، والتعرف على الصعوبات الرئيسية والأسباب الكامنة وراء هذه الصعوبات، وقد تكونت عينة الدراسة من (520) طالباً منهم (120) طالباً لديهم صعوبات في مادة الكيمياء (400) طالب عادي، وقد استخدم الباحث اختباراً راجعاً إلى المحك في وحدة الاتزان في مادة الكيمياء المقررة على طلبة الصف الثاني الثانوي واستبياناً للتعرف على أسباب صعوبات التعلم في مادة الكيمياء كما يدركها أصحاب الصعوبة، واختبار الذكاء المصور لأحمد زكي صالح.

توصلت هذه الدراسة إلى عدة نتائج كان من أهمها:

◆ عدم قدرة الطالب على تذكر المصطلحات والمفاهيم الكيميائية.

◆ عدم مشاركة الطلاب أصحاب الصعوبة في التعلم في المناقشة داخل الفصل.

◆ مقارنة المعلم بين صاحب الصعوبة وبين الطلاب الأعلى تحصيلاً يسبب له الشعور بالقصور.

◆ اعتماد المقررات الدراسية على الجانب النظري فقط لا يساعد على اكتساب المهارات بشكل جيد.

◆ استبدال معلمي الكيمياء في الفصل بصورة متكررة يشعر الطالب بعدم الاستقرار ويؤثر على تحصيله في مادة الكيمياء.

دراسة "عبد الناصر أنيس" (1992)

هدفت الدراسة إلى التعرف على حالات صعوبات التعلم في القراءة والكتابة والحساب بين تلاميذ الحلقة الأولى من مرحلة التعليم الأساسي، وتحديد أبعاد المجال المعرفي التي تميز التلاميذ ذوي صعوبات التعلم عن زملائهم العاديين والكشف عن المشكلات السلوكية التي يعاني منها التلاميذ ذوي صعوبات التعلم، وتكونت العينة النهائية من (164) تلميذاً وتلميذة من تلاميذ الصف الرابع من التعليم الأساسي بدمياط، وذلك بالإضافة إلى مجموعة أخرى من التلاميذ العاديين الذين لا يعانون من صعوبات في التعلم، واستخدم الباحث اختبار الذكاء غير اللفظي، اختبار القراءة الصامتة، اختبار المهارات الرياضية، قائمة تقدير الأداء الكتابي، اختبار تحصيلي في الرياضيات، اختبار قدرات الإدراك اللغوي، اختبار قدرات الإدراك السمعي وقائمة ملاحظة السلوك، بطارية "إلينوي" للقدرات النفس لغوية.

توصلت هذه الدراسة إلى عدة نتائج كان من أهمها:

◆ شيوع صعوبات التعلم بين التلاميذ في القراءة والكتابة والحساب وكانت النسب على الترتيب (16.5 % - 18.8 % - 13.9 %) .

◆ توجد فروق ذات دلالة إحصائية بين التلاميذ العاديين وذوي صعوبات التعلم في التتابع السمعي الإدراك السمعي؛ وذلك لصالح التلاميذ العاديين.

◆ توجد فروق ذات دلالة إحصائية بين التلاميذ العاديين وذوي صعوبات التعلم في النشاط الزائد وعدم القدرة على تركيز الانتباه ؛ وذلك لصالح التلاميذ ذوي صعوبات التعلم.

◆ كانت أكثر الأبعاد تميزاً بين التلاميذ ذوي صعوبات التعلم والعاديين في أبعاد المجال المعرفي والوجداني.

دراسة " زكريا توفيق" (1993)

هدفت هذه الدراسة إلى التعرف على التلاميذ الذين يعانون من صعوبات في التعلم وتحديد نوع هذه الصعوبات، وبلغ عدد أفراد العينة (234) تلميذاً وتلميذة

من مختلف الصفوف العليا بالمرحلة الابتدائية بسلطنة عمان طبقت عليهم مجموعة من الأدوات وهى اختبار الذكاء المصور، ودليل المعلم لتحديد صعوبات التعلم الأكاديمية والنمائية لدى تلاميذ المرحلة الابتدائية، كما استخدم الباحث كشوف درجات التحصيل الدراسي للتلاميذ في اللغة العربية و الحساب كذلك البطاقة المدرسية والسجل الصحي للتلميذ.

توصلت هذه الدراسة إلى عدة نتائج كان من أهمها:

- تبلغ النسبة المئوية للتلاميذ الذين يعانون من صعوبات في التعلم (10.8%)، كما وجد أن نسبة انتشار صعوبات التعلم لدى التلاميذ تختلف باختلاف المستويات الدراسية .
- من أهم صعوبات التعلم الأكاديمية كانت الصعوبات المتعلقة بالحساب حيث جاءت في المرتبة الأولى بالنسبة للذكور والإناث ، ثم الصعوبات المتعلقة بالكتابة والتعبير والقراءة لدى الذكور والإناث.

دراسة "السيد خالد مطحنة" (1994)

هدفت هذه الدراسة إلى بحث أثر برنامج في تجهيز المعلومات في علاج صعوبات التعلم في عمليتي فك الشفرة والفهم ورفع مستوى تقدير الذات وخفض مستوى القلق باعتبارهما من مصاحبات الصعوبة وكذلك بحث أثر برنامج في تعديل استراتيجية التجهيز لدى التلاميذ ذوي صعوبات التعلم في القراءة، وقد تكونت عينة الدراسة من (52) تلميذاً منهم (28) للذكور ، و(24) للإناث بالصف الرابع الابتدائي بطنطا ذوي صعوبات تعلم في القراءة تم تقسيمهم إلى مجموعتين: تجريبية ، وضابطة وقد تم تقسيم كل مجموعة إلى ثلاث مجموعات فرعية؛ وهم مجموعة التجهيز المتأني وتكونت من (10) تلاميذ، مجموعة التجهيز المتتابع وتكونت من(8) تلاميذ، مجموعة التجهيز المركب وتتكون من (8) تلاميذ وذلك طبقاً لأدائهم على بطارية " كوفمان". ولتشخيص التلاميذ ذوي صعوبات التعلم فقد استخدم الباحث اختبار القراءة من إعداده واختبار القراءة "لكوفمان" واختبار التوافق للأطفال، اختبار تقدير سلوك التلميذ لفرز حالات صعوبات التعلم واختبار المسح العصبي السريع لفرز حالات

صعوبات التعلم، واختبار القدرة العامة "لأوتيس لينون"، وطبق على عينة الدراسة البرنامج المقترح الذي يقوم على تقديم التدريبات والأنشطة بطريقة مناظرة لاستراتيجية كل مجموعة في التجهيز وبمعالجة البيانات إحصائياً.

توصلت هذه الدراسة إلى عدة نتائج كان من أهمها:

- لا يوجد تأثير للبرنامج في تغيير استراتيجية التجهيز لدى أي مجموعة من المجموعات التجريبية (متأن - متتابع - مركب).

دراسة "يعقوب موسى" (1996)

هدفت إلى تشخيص صعوبات تعلم مهارات القراءة لدى تلاميذ مرحلة التعليم الأساسي بليبيا وإلقاء الضوء على التعلم التعاوني كأسلوب علاجي لصعوبات التعلم، وقد تم تطبيق الاختبار التشخيصي لصعوبات التعلم على العينة الرئيسية للدراسة وذلك لذوى صعوبات التعلم في هذه المهارات وفقاً للنسب المحددة والتي تتراوح ما بين (70 - 90) % من المجموع الكلى لدرجات الاختبار، وكانت العينة الأولية (170) تلميذاً أصبحت بعد الاختبار التشخيصي(70) تلميذاً وقد استخدم الباحث اختبار الذكاء المصور لأحمد زكى صالح، واختباراً لتشخيص صعوبات التعلم من إعداد الباحث، واستخدم اختبار المصفوفات "لرافن".

توصلت هذه الدراسة إلى عدة نتائج كان من أهمها:

- وجود فروق ذات دلالة إحصائية بين متوسط درجات الاختبار القبلي والبعدي في الاختبار التشخيصي لصعوبة تعلم مهارات الفهم وذلك لصالح المتوسط البعدي.

دراسة هوبكينز Hopkins (1996)

هدفت هذه الدراسة إلى معرفة فاعلية اللغة في حفز الجانب المعرفي لدى التلاميذ ذوي صعوبات التعلم واستخدم الباحث في هذه الدراسة خمسة تكنيكيات إرشادية تهدف إلى حفز الجانب المعرفي لدى التلاميذ ذوي صعوبات التعلم والصفة

المشتركة لهذه التكنيكيات الخمس هي استخدام المحادثة لحث الإنتاج الشفهي للغة وتكونت عينة الدراسة من (76) تلميذاً ذوي صعوبات تعلم في القراءة والكتابة والحساب ثم التوصل لهم عن طريق تطبيق الطبعة الثانية من اختبار "ديترويت" لاستعداد التعلم واختبار التحصيل واسع المدى، تم تقسيم العينة إلى مجموعتين إحداهما تجريبية تتكون من (47) تلميذاً والأخرى ضابطة وتتكون من (29) تلميذاً طبق على العينة التجريبية برنامج معد من قبل المعهد الدولي لذوي صعوبات التعلم مبني على الأسس النظرية " لفيروستين "، (1980)، و " ليورا "، (1981) و " بياجيه "، (1959).

توصلت هذه الدراسة إلى عدة نتائج كان من أهمها:

◆ أن التلاميذ ذوي صعوبات التعلم يمكن أن يستفيدوا من برامج فردية مكثفة على مدى ثلاث سنوات في حفز الجانب المعرفي لديهم.

دراسة "أمينة شلبى" (2000)

وهدفت الدراسة إلى الكشف عن مدى ارتباط الذاكرة العاملة بالتحصيل الأكاديمي العام، والكشف عن مصداقية مستوى كفاءة الذاكرة كمتنبئ بالتحصيل، واختبار صحة المدخل المعرفي لتفسير صعوبات التعلم التي تمثل الذاكرة العاملة إحدى افتراضاته، وتكونت عينة الدراسة من (236) تلميذاً وتلميذة (134) ذكراً و (102) أنثى من تلاميذ الصف الثاني للتعليم الأساسي بالمنصورة، بعد مرحلة الكشف بلغ عدد أفراد العينة (92) من ذوي صعوبات التعلم، (144) من العاديين، طبق عليهم اختبار الذكاء غير اللفظي ومقياس الذاكرة العاملة وقد استخدم محك التباعد ومحك الاستبعاد لتحديد ذوي صعوبات التعلم.

توصلت هذه الدراسة إلى عدة نتائج كان من أهمها:

◆ ارتفاع معاملات الارتباط بين درجات أفراد العينة التحصيلية في المواد الدراسية ودرجاتهم على جميع مهام قياس الذاكرة العاملة. وجود فروق دالة إحصائياً بين ذوي صعوبات التعلم والعاديين في المهام اللفظية البصرية، المكانية، اللفظية العددية، الدرجة الكلية لصالح العاديين .

دراسة "وائل فريد فراج" (2002)

هدفت هذه الدراسة إلى التعرف على أثر برنامج تدريبي للتغلب على صعوبات تعلم مفاهيم مادة العلوم لدى تلاميذ المرحلة الإعدادية، بلغت عينة الدراسة (129) تلميذاً للمجموعة التجريبية، (141) تلميذاً للمجموعة الضابطة، وطبق عليهم اختبار تشخيصي في مادة العلوم، برنامج تدريبي، و تمت معالجة التطبيق القبلي والبعدي للاختبار التشخيصي لمجموعتي الدراسة إحصائياً.

توصلت هذه الدراسة إلى عدة نتائج كان من أهمها:

◆ توجد فروق ذات دلاله إحصائية عند مستوى (0.05) بين متوسطات درجات المجموعتين التجريبية في التطبيق القبلي و البعدي على الاختبار التشخيصي لصعوبات تعلم مفاهيم مادة العلوم لصالح التطبيق البعدي.

دراسة "محمد السيد جمعة" (2005):

◆ هدفت هذه الدراسة إلى التعرف على بعض العوامل المعرفية (الذاكرة العاملة – السرعة الإدراكية) ، وبعض العوامل غير المعرفية (تقدير الذات – لدافع الإنجاز) المؤثرة على صعوبات تعلم مادة اللغة الإنجليزية لدى تلاميذ المرحلة الأولى من التعليم الأساسي، وبلغت عينة الدراسة (50) تلميذ وتلميذة للمجموعة التجريبية، و(50) تلميذ وتلميذة للمجموعة الضابطة، وطبق عليهم عدة اختبارات (اختبار تشخيصي في مادة اللغة الإنجليزية، اختبار الذاكرة العاملة، اختبار السرعة الإدراكية، مقياس تقدير الذات، مقياس الدافع للإنجاز).

توصلت هذه الدراسة إلى عدة نتائج كان من أهمها:

◆ توجد فروق ذات دلالة إحصائية عند مستوى (0.01) بين متوسطات درجات المجموعتين التجريبية في التطبيق القبلي والبعدي على الاختبار التشخيصي لصعوبات تعلم اللغة الإنجليزية وفي كل من (الذاكرة العاملة – السرعة الإدراكية) ، (تقدير الذات – لدافع الإنجاز) لصالح التطبيق البعدي.

دراسات تناولت صعوبات تعلم الرياضيات

دراسة "باكمان" Packman (1986)

هدفت إلى تحديد المهارات المدرسية المرتبطة بصعوبات تعلم الحساب لدى تلاميذ المرحلة الابتدائية من أجل الاستفادة منها في تنمية قدرة وفهم التلاميذ، وتكونت العينة النهائية للدراسة من (51) تلميذاً قُسِّموا إلى ثلاث مجموعات تمثل المجموعة الأولى ذوي التحصيل العادي وهى مجموعة ضابطة، وتمثل المجموعة الثانية ذوي صعوبات التعلم في الحساب، وتمثل المجموعة الثالثة ذوي صعوبات التعلم في المواد الأخرى وليست لديهم صعوبات تعلم في الحساب، طبق على التلاميذ عينة الدراسة اختبار تحصيلي في الرياضيات وتم تحليل النتائج التي حصل عليها التلاميذ في الاختبار التحصيلي بالإضافة إلى نتائج اختبارات التحصيل المدرسي الأخرى.

توصلت هذه الدراسة إلى عدة نتائج كان من أهمها:

- التلاميذ الذين لديهم صعوبات تعلم في الحساب لم يُظْهروا تقدماً في المهارات المدرسية في الرياضيات.
- التلاميذ ذوي صعوبات التعلم في الحساب أظهروا قصوراً في مهارات الجمع والطرح عن ذويهم من التلاميذ العاديين.
- وجود تناقض بين التحصيل الفعلي والتحصيل المتوقع للتلاميذ ذوي صعوبات التعلم في الحساب.

دراسة "ممدوح محمد سليمان" (1986)

هدفت إلى التعرف على بعض صعوبات حل المسائل اللفظية المتصلة بالعمليات الأربع ومعرفة السبب الرئيسي في عدم مقدرة تلاميذ المرحلة الابتدائية على حل المسائل اللفظية باختلاف الصف الدراسي ودراسة مدى تغير نسبة الأخطاء الشائعة لدى تلاميذ ثلاثة صفوف متتالية، وتكونت عينة الدراسة من (340) تلميذاً اختيروا بطريقة عشوائية من بين تلاميذ منطقة " عيسى " بالبحرين طبق عليهم

اختبار المسائل اللفظية المرتبطة بالعمليات الأربعة من إعداد الباحث وعولجت النتائج إحصائياً باستخدام اختبار " ت " ومعامل الارتباط.

توصلت هذه الدراسة إلى عدة نتائج كان من أهمها:

◆ أن عملية الضرب تعد أهم العمليات اللازمة لحل المسائل اللفظية المرتبطة بالعمليات الأربع.

◆ كما وجد أن النسبة المئوية للأخطاء الشائعة لم تقل لدى تلاميذ عينة البحث بازدياد الصف الدراسي.

دراسة " جيري وآخرون" Geary, et al (1987)

هدفت هذه الدراسة إلى بحث جوانب القصور المرتبطة بصعوبات التعلم في الحساب لدى التلاميذ والتعرف على مشكلات الجمع البسيط عند التلاميذ ذوي صعوبات التعلم في الحساب والعاديين، حيث تكونت العينة النهائية للدراسة من (123) تلميذاً تم تقسيمهم إلى مجموعتين تكونت المجموعة الأولى من (77) تلميذاً من العاديين في مستوى تحصيلهم الأكاديمي وتكونت المجموعة الثانية من (46) تلميذاً ممن لديهم صعوبات في تعلم الحساب في الصفوف الثاني والرابع والسادس من المدرسة الابتدائية، طبق على التلاميذ مجموعة من الاختبارات التحصيلية في الحساب ضمن سلسلة من المهام الرياضية تسمى (مهام زمن الرجع للصواب والخطأ) ؛ وذلك للتعرف على مهارات الجمع عند التلاميذ والتعرف على أوجه القصور المرتبطة بصعوبات تعلم الحساب لديهم.

توصلت هذه الدراسة إلى عدة نتائج كان من أهمها:

◆ معظم تلاميذ الصف الثاني استخدموا استراتيجيات " العد الضمني " في حل المشكلات الرياضية التي عرضت لهم.

◆ التلاميذ ذوو صعوبات تعلم الحساب تطلبوا وقتاً أطول من التلاميذ العاديين لأجراء العمليات الحسابية المعطاة لهم.

◆ التلاميذ ذوو صعوبات التعلم في الحساب لديهم قصور في بعض المهارات الرياضية التي تساعدهم في حل المشكلات الرياضية.

◆ معظم التلاميذ ذوي صعوبات التعلم في الحساب في الصفوف الثلاثة اعتمدوا كلية على استخدام استراتيجيات العد الضمني في حل العمليات الحسابية التي قدمت لهم.

دراسة "زين حسن زين" (1988)

هدفت إلى تشخيص صعوبات التعلم في الرياضيات لدى تلاميذ الصفوف الرابع والخامس والسادس بالسعودية ومعرفة العلاقة بين التحصيل الدراسي في مادة الرياضيات وبعض المتغيرات، ودراسة العلاقة بين هذه المتغيرات وصعوبات التعلم في الرياضيات وتكونت عينة الدراسة من (1800) تلميذاً بالصفوف الرابع والخامس والسادس الابتدائي وعينة من المعلمين بلغ عددها (222) معلما يمثلون جميع معلمي الرياضيات لتلك الصفوف في المدينة المنورة استخدمت الدراسة اختبارات تحصيلية في مقررات الرياضيات في الصفوف الثلاثة واختبارات تشخيصية في أصعب موضوعات مقررات الرياضيات في الصفوف الثلاثة ومقياس اتجاه التلاميذ في المرحلة الابتدائية نحو مادة الرياضيات، كذلك مقياس البيئة المدرسية، اختبار المصفوفات المتتابعة لرافن، وبطاقة تقويم ومتابعة المدرس.

توصلت هذه الدراسة إلى عدة نتائج كان من أهمها:

◆ إن تلاميذ الصف الرابع الابتدائي يواجهون صعوبات في تعلم الرياضيات في موضوعات قراءة الأعداد حتى المليون، تقريب الأعداد، جمع الأعداد، ضرب الأعداد في بعضها وعمليات القسمة.

دراسة "عزيز قنديل" (1990)

هدفت هذه الدراسة إلى محاولة التعرف على الصعوبات التي تواجه التلاميذ في تعلم الرياضيات، و أهم العوامل التي تؤدي إليها، وكيفية معالجتها والتخفيف من آثارها، وتم اختيار عينة عشوائية بلغ قوامها (106) تلميذاً وتلميذة من تلاميذ

الصف السادس بالمملكة العربية السعودية، و طبق عليهم اختبار تشخيصي في الرياضيات.

توصلت هذه الدراسة إلى عدة نتائج كان من أهمها:

◆ عدم المقدرة على إجراء العمليات الحسابية و قراءة المفاهيم وفهم التمارين اللفظية وترتيب كتابة خطوات حل التمارين اللفظية وترجمة العبارات اللفظية إلى جمل رياضية.

دراسة "جيري" Geary (1990)

هدفت هذه الدراسة إلى التعرف على خصائص التلاميذ ذوي صعوبات تعلم الحساب تكونت العينة من (52) تلميذاً بالصف الأول و الثاني الابتدائي منهم (23) تلميذاً من العاديين (13 تلميذاً – 10 تلميذات) و(29) تلميذاً من ذوي صعوبات تعلم الحساب (11تلميذاً – 18 تلميذة) و قد تم تصنيفهم من خلال درجاتهم على اختبار تحصيلي في الحساب.

توصلت هذه الدراسة إلى عدة نتائج كان من أهمها:

◆ وجود فروق بين التلاميذ العاديين وذوي صعوبات تعلم الحساب في أداء المهمة الحسابية لصالح التلاميذ العاديين.

◆ كما أشارت النتائج أيضاً أن هناك عددا من الخصائص يتميز بها ذوو صعوبات تعلم الحساب من أهمها: وجود أخطاء متكررة في حل المسائل الحسابية اللفظية، الاستخدام المتكرر نسبياً لاستراتيجية واحدة في الحل، والعجز في انتقاء الاستراتيجية المناسبة للحل الصحيح، الفشل في استرجاع المعلومات العددية من الذاكرة وعدم الالتزام بالوقت المحدد للحل.

دراسة "هيتش و ماكولي" Hitch & Mcauley (1991)

هدفت هذه الدراسة إلى التعرف على طبيعة الذاكرة العاملة لدى التلاميذ ذوي صعوبات تعلم الحساب وتشتمل الدراسة على تجربتين:

التجربة الأولى: تكونت من (30) تلميذاً منهم (15) تلميذاً من العاديين، (15) تلميذاً من ذوي صعوبات تعلم الحساب، و متوسط أعمارهم تسع سنوات وشهر واحد وأشارت النتائج إلى وجود فروق بين التلاميذ العاديين وذوي صعوبات تعلم الحساب في أداء مهام الذاكرة العاملة لصالح العاديين، حيث أظهر التلاميذ ذوو صعوبات تعلم الحساب ضعفا، وعدم قدرة على إنجاز المهام بالإضافة إلى وجود مشكلات لديهم في تخزين و معالجة المعلومات العددية.

التجربة الثانية: جاءت لتؤكد نتائج التجربة الأولى و تكونت فيها العينة من (26) تلميذاً من (30) تلميذاً بالتجربة الأولى.

توصلت هذه الدراسة إلى عدة نتائج كان من أهمها:

◆ وجود فروق بين التلاميذ العاديين و ذوي صعوبات تعلم الحساب لصالح العاديين، حيث يعاني ذوو صعوبات التعلم من قصور واضح في الذاكرة العاملة و بخاصة أثناء تخزين و معالجة المعلومات العددية.

دراسة "أحمد عواد" (1992)

هدفت هذه الدراسة إلى تشخيص و علاج صعوبات التعلم الشائعة في مادة الحساب لدى عينة من تلاميذ الحلقة الأولى من التعليم الأساسي بإدارة شبين القناطر بلغ قوامها (296) تلميذاً و تلميذة في صورتها الأولية اختير منهم (60) تلميذا وتلميذة قسموا إلى مجموعتين (تجريبية – ضابطة) وهم التلاميذ الذين يعانون من صعوبات التعلم، كما ظهر ذلك من خلال درجاتهم على استبانة تشخيص صعوبات التعلم في الحساب وكذلك استبانة العوامل والمصاحبات المرتبطة بصعوبات التعلم.

توصلت هذه الدراسة إلى عدة نتائج كان من أهمها:

◆ أن نسبة من يعانون من صعوبات التعلم تصل إلى 46.8% من المجموع الكلي للعينة.

◆ توجد مجموعة من العوامل المرتبطة بصعوبات التعلم والتي تتمثل في الأسرة والمدرسة وجماعة الأصدقاء.

◆ أثبتت الدراسة فاعلية البرنامج العلاجي المقدم في علاج صعوبات التعلم في مادة الحساب.

دراسة "هويدا حنفي" (1992)

هدفت هذه الدراسة إلى التعرف على أهم صعوبات التعلم الشائعة في القراءة والكتابة والرياضيات لدى تلاميذ الصف الرابع وإعداد برنامج لعلاجها، وقد تكونت عينة الدراسة من(30) تلميذاً وتلميذة من تلاميذ الصف الرابع الابتدائي بمحافظة الإسكندرية ذوي صعوبات تعلم القراءة والكتابة والحساب تم تقسيمهم إلى مجموعتين إحداهما تجريبية، والأخرى ضابطة قوام كل مجموعة (15) تلميذاً وتلميذة تم مجانستهم في العمر الزمني والذكاء وقد تم تحديد عينة ذوي صعوبات التعلم بحيث يكون مستوى ذكائهم متوسطاً أو فوق المتوسط ويحصلون على(50%) في الاختبار التحصيلي في القراءة والكتابة والحساب الذي أعده الباحث، وبعد تطبيق أدوات الدراسة واستخدام اختبار " ت ".

توصلت هذه الدراسة إلى عدة نتائج كان من أهمها:

◆ توجد صعوبات تعلم شائعة في الرياضيات في وحدة الكسور العادية وفي بعض الموضوعات الهندسية المقرر تدريسها خلال الفصل الدراسي الأول لدى تلاميذ الصف الرابع. وهذه الصعوبات ممثلة في صعوبة معنى الكسر وصعوبة جمع وطرح الكسور وصعوبة ضرب وقسمة الكسور.

◆ تحسن مستوى تحصيل التلاميذ بعد تطبيق البرنامج العلاجي المقترح.

دراسة "رورك" Rourk (1993)

هدفت هذه الدراسة إلى المقارنة بين أداء التلاميذ ذوي صعوبات تعلم الحساب، للتعرف على أهم الأخطاء المنتشرة بين هؤلاء التلاميذ، و تكونت العينة من (45) تلميذاً وتلميذة من ذوي صعوبات تعلم الحساب تتراوح أعمارهم بين

(9-14) سنة و كانت نسبة ذكائهم تتراوح بين (86-114) شهراً و طبق عليهم مجموعة من الاختبارات المرتبطة بالعمليات الحسابية.

توصلت هذه الدراسة إلى عدة نتائج كان من أهمها:

- أن هؤلاء التلاميذ يتميزون بعدم القدرة على التنظيم المكاني - البصري.
- وجود مشكلات في المهارات الحركية و يعانون من عجز واضح في عمليات تكوين المفاهيم، و ضعف الذاكرة اللفظية و غير اللفظية، و درجة الذكاء اللفظي لدى هؤلاء التلاميذ أعلي من درجة الذكاء العملي.

دراسة "أحمد عواد و مسعد ربيع" (1995)

تهدف هذه الدراسة إلى معرفة الفروق بين التلاميذ العاديين و التلاميذ ذوي صعوبات تعلم الحساب في حل المشكلات الرياضية، و تكونت العينة من (180) تلميذاً بالصف الرابع الابتدائي، وطبق عليهم استبانة تشخيص صعوبات تعلم الرياضيات.

توصلت هذه الدراسة إلى عدة نتائج كان من أهمها:

- وجود فروق دالة بين المجموعتين في حل المشكلات الرياضية لصالح التلاميذ العاديين.
- إن التلاميذ ذوي صعوبات تعلم الحاسب يتخبطون في الحل و يستخدمون استراتيجيات متعددة و يعتمدون في إجابتهم على مفاهيم أولية لا تفيد في الحل ولا تتناسب مع عمرهم الزمني.

دراسات تناولت علاج صعوبات التعلم باستخدام الحاسب الآلي

دراسة "إمبودن" Imboden (1986)

تهدف هذه الدراسة إلى ثلاثة عناصر أساسية:

أولاً- استكشاف ما إذا كان الحاسب الآلي المستخدم في التعلم يمكن أن يستخدم لتقديم موضوع النسبة المئوية بفاعلية وذلك لطلاب المرحلة الجامعية من ذوي التحصيل المنخفض وذلك بالمقارنة بطريقة المحاضرة التقليدية.

ثانياً- تحديد ما إذا كان التعلم بالحاسب الآلي يستغرق وقتاً أقل مما يستغرقه المعلم التقليدي أم لا.

ثالثاً- تحديد ما إذا كان استخدام الحاسب الآلي أو طريقة المحاضرة التقليدية ستؤدي إلى حدوث اختلاف في الاتجاه نحو الحاسب الآلي أو نحو موضوع النسبة المئوية.

تكونت عينة الدراسة من مجموعة من طلاب الجامعة الذين كان عليهم أن يلتحقوا بمعمل الرياضيات العلاجية لكي يتخرجوا من الجامعة، و قد تلقت المجموعة الأولى كل المادة التعليمية من خلال محاضرات المناقشة، بينما تلقت المجموعة التجريبية المادة نفسها، و لكن بشكل حيوي من خلال برامج حاسب آلي كتبت خصيصً لأغراض الدراسة.

توصلت هذه الدراسة إلى عدة نتائج كان من أهمها:

♦ عدم وجود فروق ذات دلالة إحصائية سواء في التحصيل أو الاتجاهات، وقد تم اقتراح توافر ثلاثة عوامل حتى يمكن الاستفادة من الحاسب الآلي في التعليم هي:

- يجب أن يكون تحصيل الطلاب مساوياً على الأقل تحصيلهم بطريقة المحاضرة لكي يكون فعَّالاً.
- يجب توفير الوقت الكافي للمعلم خلال الفصل الدراسي لكي يستخدم الحاسب الآلي.
- يجب أن يكون دافعية الطلاب للتعلم مرتفعة لأكبر درجة ممكنة.

دراسة "بيركنز" Perkins (1988)

تهدف هذه الدراسة إلى تحديد أثر استخدام التعلم بمساعدة الحاسب الآلي في تعلم تلاميذ الصف الرابع والسابع ، وعلى استيعاب التلاميذ لبعض الموضوعات الرياضية التي يتميز تحصيلها بالانخفاض و المتضمنة داخل برنامج لتعلم الرياضيات، وكذلك تهدف الدراسة لتحديد الدرجة التي يؤثر بها استخدام التعلم

بمساعدة الحاسب الآلي، و قد اشتملت العينة على (68) تلميذاً في الصف الرابع بالإضافة إلى (64) من تلاميذ الصف السابع.

توصلت هذه الدراسة إلى عدة نتائج كان من أهمها:

- أن مجموعة التعليم بمساعدة الحاسب الآلي ذات تحصيل أعلى في الرياضيات وذلك بدرجة ذات دلالة إحصائية، لم تكن هناك فروقًا ذات دلالة إحصائية بالنسبة للاتجاه نحو الرياضيات و الحاسب الآلي؛ و لكنها ساهمت في تنمية بعض الاتجاهات الفردية نحو استخدام الحاسب الآلي.

دراسة "وفاء كفافي" (1991)

هدفت هذه الدراسة إلى التأكد من أثر وفاعلية استخدام الحاسب الآلي على المفاهيم الرياضية لدى أطفال الحضانة في المدارس الحكومية والخاصة, وبلغت عينة الدراسة (42) طفلا وطفلة تراوحت أعمارهم بين الخامسة والسادسة وقسمت العينة إلى مجموعتين: مجموعة تجريبية (20) طفلا وطفلة، ومجموعة ضابطة (22) طفلا وطفلة.

واستخدمت الدراسة جهاز الحاسب الآلي ، وورقاً مقوى لكتابة مفاتيح الحاسب الآلي باللغة العربية، واختباراً تحصيلياً من إعداد الباحثة .

توصلت هذه الدراسة إلى عدة نتائج كان من أهمها:

- ساعد استخدام الحاسب الآلي على تعلم المفاهيم للأطفال بطيئي التعلم أو الذين يجدون صعوبة في التعلم.
- مساعدة الحاسب الآلي في اختصار الوقت إلى نصفه في التدريس بالطريقة التقليدية، وقدرة الأطفال على الاستجابة للبرامج التقويمية و عدد استجاباتهم الصحيحة أكثر منه في حالة استخدام الكتاب المدرسي.
- توجد فروق ذات دلالة إحصائية بين المجموعة التجريبية التي دُرِّسَ لها باستخدام الحاسب الآلي، والضابطة التي دُرِّسَ لها باستخدام الطريقة

التقليدية لكل جانب من جوانب التعلم المختلفة لصالح المجموعة التجريبية.

دراسة "أسامة عثمان الجندي" (1991)

هدفت هذه الدراسة إلى تصميم برامج التعليم بالحاسب الآلي لتدريس وحدة دراسية في الهندسة للصف الثامن من التعليم الأساسي و دراسة فاعلية هذه الطريقة بالنسبة للتحصيل لدى تلاميذ ذوي مستويات تحصيلية مختلفة بالحلقة الثانية من التعليم الأساسي.وبلغت عينة الدراسة (96) تلميذاً موزعين بالتساوي على أربع مجموعات تجريبية تتعلم بالحاسب الآلي و أربع مجموعات ضابطة مكافئة تتعلم بالطريقة التقليدية ، وقد تم تطبيق اختباراً تحصيلياً في الرياضيات وبرنامج حاسب الآلي ، ومجموعة برامج لتعليم الرياضيات عن طريق التخاطب مع الحاسب الآلي ، واختبار الذكاء المصور لأحمد زكي صالح.

و قد توصلت هذه الدراسة إلى عدة نتائج كان من أهمها:

◆ أن أسلوب التعليم بمخاطبة الحاسب الآلي يعد أكثر فاعلية من الطريقة التقليدية، بالنسبة للتلاميذ ذوي التحصيل المنخفض في الرياضيات وكذلك بالنسبة للتلاميذ ذوي التحصيل المرتفع.

◆ أن أسلوب التعليم بالتشكيل البياني بالحاسب الآلي يعد أكثر فاعلية من الطريقة التقليدية، وذلك بالنسبة لجملة التلاميذ.

◆ أن أسلوب التعليم بمخاطبة الحاسب الآلي أكثر فاعلية من التشكيل البياني بالحاسب الآلي وذلك في تعليم التلاميذ ذوي التحصيل المنخفض في الرياضيات.

دراسة "ويلسون ليكس" Wilson Lex (1993)

هدفت هذه الدراسة إلى معرفة تأثير نظام التعليم بالحاسب الآلي على النمو الأكاديمي والشخصي للمراهقين الذين يعانون من صعوبات في التعلم، وقد اختير (11) طالباً من الذين يبلغ متوسط أعمارهم (16.1) سنة وذلك للاشتراك في

برنامج صيفي لمدة ثمانية أسابيع، يُقدم لهم دروس في القراءة والكتابة والرياضيات والمهارات الحياتية.

توصلت هذه الدراسة إلى عدة نتائج كان من أهمها:

◆ إن أسلوب التعلم بواسطة الحاسب الآلي يسجل درجات ذات دلالة إحصائية في كل من القراءة والرياضيات فأصبح متوسط نتائج القراءة (40%) بدلا من (29%) وكذلك متوسط نتائج الرياضيات أصبح (49%) بدلا من (32.5%).

◆ إن التحسن في الرياضيات كان أكبر في العمليات العددية منه في الاستنباط.

◆ أشار 70% من المشتركين بأن التوجه نحو الحاسب الآلي كان أفضل من المقررات التقليدية الخاصة بالمدارس الثانوية، وأشار 80% منهم أنهم قد تعلموا أكثر مما كان عليه الحال باستخدام الوسائل والطرق التقليدية.

◆ أشار المدرسون إلى أن نظام التعلم بالحاسب الآلي قد اتسع لمساحة أكبر من مستويات المتعلمين من مساحة المناهج الدراسية التقليدية.

◆ أبلغ آباء المشتركين عن حدوث تغيرات إيجابية في المواقف تجاه العمل المدرسي.

دراسة "عبد الله سيد عزت" (1994)

تهدف هذه الدراسة إلى مقارنة عدة مداخل في تعلم الرياضيات للتلاميذ بطيئي التعلم بالصف الرابع في ضوء تكنولوجيا التعليم على تحصيلهم في الرياضيات واتجاههم نحوها وكذلك بقاء أثر التعلم، ثم المقارنة بين العرض المباشر و الطريقة المختلطة (طريقة تجمع بين طريقتي الاكتشاف وحل المشكلات)، وكذلك استخدام الباحث وسائل أخرى من خلال متغيرات (الحركة واللون)، تكونت عينة الدراسة من (48) تلميذاً تم تقسيمهم إلى (8) مجموعات متساوية عدد كل منها (6) تلاميذ من التلاميذ بطيئي التعلم بالصف الرابع من مرحلة التعليم الابتدائي.

توصلت هذه الدراسة إلى عدة نتائج كان من أهمها:

◆ إن المجموعات التي درست باستخدام الطريقة المقترحة واستخدام وسائل تعليمية (متحركة – ملونة) أفضل من باقي المجموعات في التحصيل الدراسي.

دراسة " صفاء بحيري " (2001)

تهدف هذه الدراسة إلى التعرف على أثر برنامج تدريبي لذوي صعوبات التعلم في مجال الرياضيات في ضوء نظرية تجهيز المعلومات لتلاميذ المرحلة الابتدائية بمحافظة الجيزة واستخدمت الباحثة بطارية "كوفمان" لتقييم تجهيز المعلومات عند الأطفال, وكذلك برنامجاً تدريبياً مبرمجاً باستخدام الحاسب الآلي, وتكونت عينة الدراسة من (27) تلميذا وتلميذة من تلاميذ الصف الرابع الابتدائي من ذوي صعوبات التعلم في الرياضيات

توصلت هذه الدراسة إلى عدة نتائج كان من أهمها:

◆ فاعلية استخدام الحاسب الآلي في تحسين أداء ذوي صعوبات التعلم.

***

الفصل الثالث
التعزيز

الفصل الثالث
التعزيـز

مقـدمة:

نظراً لأهمية مفهوم التعزيز في العملية التعليمية، حيث أشار العديد من الباحثين في مجال علم النفس والتربية إلى أهمية استخدام التعزيز داخل حجرة الدراسة، وكذلك تأكيد معظم نظريات التعلم على أهمية التعزيز في إحداث التعلم.

مفهوم التعزيز:

بقدر ما يعتبر الثواب والعقاب أو المكافأة من الوسائل الهامة في تنشيط دافعية الفرد نحو تحقيق الأهداف في كثير من المواقف، بقدر ما يعد سوء استخدام المكافأة من العوامل التي تؤثر على سلوك الأفراد وبالتالي على تحقيق عملية التعلم، فما زال سوء استخدام أساليب الثواب والعقاب من المشكلات الواضحة في مجال التعلم المدرسي، وقد تتعدد أنواع المكافأة من عبارات التشجيع والاستحسان وتقدير السلوك إلى الأنواع المادية مثل الهدايا الرمزية، أو الحصول على مكانة اجتماعية معينة بين التلاميذ إلى غير ذلك من الأساليب العديدة التي تكون بمثابة حوافز تنشط السلوك نحو تحقيق الأهداف. فإن الرغبة في الحصول على المكافأة أو توقع حصولها يوجه السلوك ويزيد من فاعليته وعند استخدام المعلم نظام المكافأة الفعال لا يتطلب المنافسة بين التلاميذ بل إثارة اهتمام التلاميذ حيث تؤدي هذه الإثارة إلى إقبال التلاميذ على الدروس ورفع الروح المعنوية بينهم وزيادة مادة التعلم بالنسبة لهم وشعورهم بأنهم قد استفادوا من عملهم فائدة كبيرة (أبو الفتوح رضوان وآخرون ، 1978،ص 78).

وعلى الرغم من تأكيد معظم نظريات التعلم على أهمية التعزيز في إحداث التعلم، فقد تعددت التعريفات الخاصة بالتعزيز، ولذا سنقوم بعرض لبعض هذه التعاريف فيما يلي:

يرجع الفضل في معرفة دور التعزيز في التعلم إلى" ثورنديك"، (1911) Thorndike حينما قدم قانون الأثر الذي ينص على أنه " إذا حدث ارتباط بين المثير والاستجابة وتبعه حالة رضا أو ارتياح فإن الرابطة تقوى ويزداد احتمال حدوث هذه الاستجابة في المرات التالية، في حالة ظهور نفس المثير أما في حالة حدوث عدم رضا فإن احتمال حدوث الاستجابة يضعف " (مها سرور، 1995، ص32).

ويعرِّف "أحمد زكي صالح"، (1983) أن التعزيز هو ما يعقب الاستجابة من اختزال للدافع أو الحصول على مكافأة من نوع ما، أو الحصول على إثابة أولية أو ثانوية كما يؤدي إلى زيادة احتمال ظهور الاستجابة المتعلمة . (أحمد زكي صالح، 1983، ص 384).

وتنظر " رمزية الغريب "إلى التعزيز باعتباره " حدثاً فرضياً له القدرة على تقوية الاستجابة وزيادة احتمال حدوثها " (مي زمزم، 1992، ص30).

ويذكر "ولفوك "، (1980)، Wolfolk أن التعزيز عبارة عن مثير يعقب السلوك مما يؤدي إلى زيادة هذا السلوك وكذلك زيادة احتمالية حدوثه مرة أخرى. (Wolfolk,et al , 1980 , p.120).

أما التعزيز عند "سكنر" Skinner حجر الزاوية في الاشتراط الإجرائي وينصب على الإجراء نفسه أي على السلوك أو الاستجابة وهو المسئول عن بناء احتياطي السلوك عن طريق زيادة احتمال ظهور الاستجابة (فؤاد أبو حطب، آمال صادق، 1990، ص 213) .

ويعرِّف "روبرت فلدمان "(1987) Robert Feldman التعزيز بأنه هو أي مثير يسبق الاستجابة ويعمل على زيادة احتمال حدوث تلك الاستجابة وتكرارها. (Feldman, 1987, p.143) .

وعند " هل " Hull فالتعزيز هو المبدأ المفسر لعملية التعلم وتسمي نظريته بنظرية التعزيز حيث ينص قانون التعلم على أنه " عندما تظهر استجابة في تجاور زمني مع عملية استثارة وصاحب هذا الاقتران نقصاً في الحاجة فإنه ينتج عن ذلك زيادة الحالات التالية لأن تستدعى هذه الاستجابة وعند "ميللر ودولارد" Dollard & Miller فيحدث التعزيز عندما تنخفض وتقل المثيرات الدافعة وبدون ذلك التخفيض للدافع لا يوجد تعزيز ولا يحدث تعلم (عادل العدل، 1991، ص 107) .

وقد ميز" سكنر" Skinner بين نوعين من التعزيز هما التعزيز الموجب والتعزيز السالب وينشأ التعزيز الموجب نتيجة تقديم معزز موجب يعمل على استمرار أداء الاستجابة الصحيحة المرغوب تَعَلُّمِها، والتعزيز السالب ينشأ نتيجة إزاحة معزز سالب من الموقف وتعتبر المعززات السالبة بمثابة مثيرات منفردة يعمل الكائن الحي على تجنبها (أنور الشرقاوي، 1983، ص 90 - 91).

ويتبين من التعريفات السابقة أن التعزيز هو خفض للتوتر الناشئ عن تنبيه المثير، وينتج عن ذلك زيادة احتمال حدوث الاستجابة في المواقف المشابهة، وأن عملية التعزيز هي عملية متوسطة لا يمكن ملاحظتها؛ ولكن يمكن الاستدلال عليها من خلال نتائجها، وتشير هذه التعريفات أيضا إلى الاتفاق على أن التعزيز هو عملية تقوية من شأنها أن تزيد من احتمال حدوث نمط استجابي، قد يكون مرغوبا فيه أو غير مرغوب فيه إذا ما تعرض الفرد للموقف الموضوعي المرتبط به.

التعزيز في نظريات التعلم

اهتمت معظم نظريات التعلم بموضوع التعزيز وآثاره على التعلم، من خلال معالجة قضية الثواب والعقاب التي هي جوهر عملية التعزيز، وسوف تعرض بإيجاز هذه النظريات، ويمكن تقسيمها حسب الدور الذي يلعبه التعزيز إلى اتجاهين: أحدهما غير مؤيد للتعزيز والأخر مؤيد له.

أ- الاتجاه غير المؤيد للتعزيز:

ويمثله علماء مثل" بافلوف" Pavlov ، "جاثري" Guthrie "وايستس" Estes ويري علماء هذا الاتجاه أن التعزيز ليس ضروريا لحدوث عملية التعلم وأن التعلم يتم عن طريق الاقتران حيث إن الاقتران الزمني هو المسئول عن تكوين العلاقات الشرطية، وذلك عند " بافلوف "، أو هو المسئول عن تكوين الارتباطات بين المثيرات والحركات، وذلك عند "جاثري" ويري "جاثري" أن الارتباط يحدث عند أول ازدواج للمثير مع الاستجابة وأن التكرار لا يؤدي إلى تدعيم الرباط الشرطي. وأن التعزيز وظيفته حفظ الرباط الشرطي من التفكك فقط وذلك بصيانته من الاستجابة بطرق أخرى للمثير الذي يؤدي إلى نمط الاستجابة المرغوبة (مي زمزم 1992 ص16).

وقد اهتم " بافلوف " بالتعزيز كإعداد تجريبي للموقف وبذلك يكون كل تأكيده على مبدأ " الاقتران الزمني " بين المثير والاستجابة واستبعاد ومصاحبة هذا الاقتران بالحصول على المكافأة، ويصوغ "جاثري" Guthrie مبدأ الاقتران على النحو التالي: " عندما تصاحب مجموعة من المثيرات حركة فإن هذه المثيرات عند تكرارها سوف تميل إلى أن يعقبها هذه الحركة حيث يركز "جاثري" في تفسيره للمتعلم على أنه إذا اقترنت استجابة بمثير معين مرة واحدة فقط فإنه من المحتمل أن تُستدعي هذه الاستجابة بواسطة هذا المثير مرة أخرى (أنور الشرقاوي، 1983، ص 114 - 286).

ويتفق "ايستس " Estes مع كل من "بافلوف"، و "جاثري" في أن التعزيز ليس مسئولا عن تكوين الروابط الجديدة، وأن الاقتران يتكفل بهذا، وأن التعزيز وظيفته إعطاء تغذية راجعة معتمدة على توقع المكافأة أو عقاب وشيك الحدوث والذي يضاف إلى المثيرات الراهنة (أو المثيرات المستدعاة من الذاكرة) في موقف التعلم وبالتالي يوجه السلوك توجيها تفصيليا إلى أحد المسالك في مقابل المسلك الآخر(ستيوارت وآخرون، ترجمة فؤاد أبو حطب وآخرون، 1983، ص 113 - 114).

ويري " فوسترستيفن Foster Steven " أن التعزيز في ضوء الاتجاهات الحديثة لعلم النفس المعرفي يعتبر من العوامل المساعدة على التعلم، ولكن ليس ضروريا في جميع المواقف، حيث إن آثار التعزيز غالبا ما تكون بسيطة غير واضحة وضمنية، كما أن هذه الآثار ترتبط بدرجة كبيرة بخصائص الفرد، والموقف التعليمي الذي يوجد فيه وما يشمله من متغيرات (أنور الشرقاوي، 1988، ص 215).

وهكذا يتضح أن أصحاب هذا الاتجاه لم يهتموا بدور التعزيز ويـروا أنـه لا يلعـب إلا دورا بسيطا في حدوث التعلم، وأن الاقتران هو المسئول عن حدوث التعلم، وأن التعزيز لا وظيفة لـه إلا مجرد تغيير الموقف المثير وشروط الاستجابة التي يتعرض لها الكـائن الحـي حتـى لا يحـدث كف للارتباط الذي يكون بين المثير والاستجابة ومن ثم تزداد احتمالات حدوث هـذه الاسـتجابة إذا ما تكرر المثير مرة أخرى.

ب- أصحاب الاتجاه المؤيد للتعزيز:

التعزيز عند "سكنر" Skinner يعتبر حجر الزاوية في الاشتراط الإجرائي وينصب على الإجراء نفسه أي على السلوك أو الاستجابة، ومن ثم لم يختلف موقف "سكنر" بعد ذلك عن موقف "ثورنديك" فقد كان "سكنر" معارضا صريحا لاستخدام العقوبة كوسيلة لضبط السلوك البشري أو لخدمة أهداف المؤسسات الاجتماعية، ومن خلال ذلك يرى " سكنر " أن التعزيز الموجب يكون أكثر فاعلية في ضبط السلوك وذلك ؛ لأن النتائج تكون أكثر قابلية للتنبؤ ولأن الفرصة لتعديل السلوك غير المرغوب فيه تكون أقل فالتدعيم حدث معين من شأنه أن يقوي ميل الاستجابة إلى أن تتكرر؛ لذا فإن التدعيم شرط ضروري لبقاء السلوك غير المرغوب فيه وتعلمه (حسام عزب ، 1981، ص 173).

ويمثل هذا الاتجاه "ثورنديك" Thorndike ، و "سكنر" Skinner، و"هل" Hull وكانت أولى هذه النظريات نظرية الارتباط (المحاولة والخطأ) "لثورنديك" والذي أجمل أثر التعزيز في قانونه الشهير "قانون الأثر " والذي يتلخص في أنه إذا تبع مثير ما استجابة معينة وأعقب هـذه الاستجابة حالة ارتياح، فإن الارتباط يقوى

بين هذا المثير وهذه الاستجابة، وإذا أعقب الاستجابة حالة عدم ارتياح فإن الارتباط يضعف، أي إن حاله الارتياح أو عدم الارتياح هي التي تحدد نوع الارتباط بين المثير والاستجابة (أنور الشرقاوي، 1988، ص 80).

ويذكر فؤاد أبو حطب ، آمال صادق أن قانون الأثر عند ثورنديك يرتبط بالطرق الشائعة لاستخدام الثواب والعقاب في التعلم وقد تطور هذا القانون في صورته الحديثة في مبدأ التعزيز (فؤاد أبو حطب ، آمال صادق ، 1990 ، ص 375).

وقد ميز" سكنر" بين نوعين من التعزيز:

- **التعزيز الموجب: Positive reinforcement**

وينشأ نتيجة تقديم معزز موجب يعمل على استمرار أداء الاستجابة الصحيحة المرغـوب تعلمها.

- **التعزيز السالب: Negative reinforcement**

والذي ينشأ نتيجة إزاحة معزز سالب من الموقف وتعتبر المعززات السالبة بمثابة مثيرات منفردة يعمل الكائن الحي على تجنبها (أنور الشرقاوي، 1988، ص 90 - 97).

وتعد نظرية " هل Hull " نظرية تعزيزية في المقام الأول حيث جعل التعزيز هو المبدأ المفسر لعملية التعلم، وتسمى نظريته بنظرية التدعيم (التعزيز) وصاغ ذلك في أحد مسلماته والتي تنص على أنه " إذا اقترنت زمنيا عملية استجابة بعملية استثارة وصوحب هذا الاقتران باختزال في الحاجة، أو المثير يرتبط باستمرار مع اختزال الحاجة، نتج عن ذلك زيادة في ميل هذا المثير لاستدعاء هذه الاستجابة فيما بعد، وتتجمع الزيادات الناتجة عن التعزيزات المتتالية بطريقة تؤدي إلى قوة العادة المركبة (هويدا غنية، 1994، ص 32).

ويميز "هل " Hull بين نوعين من التعزيز هما :

- **التعزيز الأولي:** وهو الحالة الذي يرتبط مباشرة بحالة إشباع الحاجة أو اختزالها.

◆ **التعزيز الثانوي:** وهو الحالة الذي يحدث عن طريق مثير، يرتبط ارتباطا مستمرا قويا بإشباع الحاجة أو اختزال الدافع الذي يتأثر بنظم اجتماعية وثقافية. (أحمد زكي صالح، 1983، ص 317).

كما ذكر " سكنر " Skinner أن التدعيم يمثل حجر الزاوية في الاشتراط الإجرائي فلابد أن يأخذ بنفس الأهمية في التعلم الإنساني، فيبدأ المعلم بإثارة رغبة المتعلم واهتمامه بموضوع التعلم ؛ لأن هذه الرغبة تحفز الفرد على بذل الجهد والشعور بالرضا الذي يزيد من عمق الرغبة في التعلم الذي يعدل منه المتعلم فالسلوك يتعدل بنتائجه وهذا الوضع يختلف عن الشرطية بمعناها المعروف، إذ إن المتعلم في نظر أصحاب الاشتراط يتأثر بعاملي المثير و الاستجابة أما في الاشتراط الإجرائي فيوجد ثلاثة متغيرات هي:

◆ المثير.

◆ الاستجابة.

◆ النتائج وما يتبعها من تعزيز.

وقد أدخل " سكنر " تنظيماً جديداً لهذا التدعيم مستخدماً في ذلك الطريقة الآتية:

◆ تنظيم يتعين به أن يقدم التدعيم بطريقة مستمرة عقب كل استجابة.

◆ يستخدم بطريقة دورية متقدمة عقب فترات زمنية منتظمة تختلف في طول الفترة حسب ما تقتضيه الظروف.

◆ قد يُقدم التدعيم بعدد معين من الاستجابات غير المدعمة ووجد أن التدعيم الدوري بنوعيه أكثر فاعلية من التدعيم المتصل عقب كل استجابة، وذلك لأنه يزيد عدد مرات ظهور الاستجابة قبل انطفائها(مها سرور، 1995، ص 37- 38) .

وتشير أمينة مختار إلى أنه هناك مبدأين رئيسيين ينطوي عليهما التعزيز وهما:

◆ التعزيز الفارق بمعنى نظام يضمن أن التعزيز لا يتم إلا عند حدوث الاستجابة المرغوبة.

◆ جداول التعزيز بمعنى نظام لتعزيز الاستجابة المرغوبة فقط في مناسبات معينة من قبل كل فترة منتظمة لحدوثها.

و التعزيز يمكن أن يستخدم لتفسير اكتساب استجابات جديدة فغالباً ما تكون الاستجابة التي نحن بصددها موجودة من قبل ضمن مختزنات الفرد ولكنها تحدث بشكل غير ملائم، ومن ثم تظهر أهمية دور التعزيز في اكتساب أنماط مختلفة من السلوك والتحكم فيه، ويظهر تأثيره معرفياً بأكثر منه تأثيراً مباشراً على الأداء، وذلك لأن سلوك الفرد قد يشخص عن التعزيز فإذا ما كانت هناك حاجة إلى التعزيز أو رغبة فيه فعندئذ يقوم الفرد بأداء الاستجابة للحصول على هذا التعزيز، وهكذا فإن التعزيز يمكن النظر إليه على أنه مثوبة منفعية للسلوك الملائم (أمينة مختار، 1980، ص 28 - 29).

ومما تقدم نرى أن استخدام التعزيز استخداماً منظماً يمكن أن يصبح وسيلة فعالة تساعد على تعديل وتطوير السلوك وتنشيط دافعية التلاميذ نحو تحقيق الأهداف، بقدر ما يعد سوء استخدام التعزيز من العوامل التي تعوق سلوك التلاميذ وبالتالي يظهر تأثيرها واضحاً على ناتج عملية التعلم.

ويشير "سارنوف مدنيك" Mednik (1981) إلى أن جدول التعزيز ما هو إلا نظام لتعزيز الاستجابة المرغوب فيها، فالتعزيز لا يتم دائماً في كل مرة والقائم على السلوك الإجرائي سيقوم بعملية التعزيز غالباً مرة كل استجابتين أو مرة كل عشر استجابات أو حتى كل خمسين استجابة ويستعمل مصطلح (التعزيز الجزئي) لكي نعبر عن مثل هذه المواقف، وعندما يكون التدعيم الجزئي منتظماً (وليكن مرة كل عشر استجابات مثلاً) فإننا نسميه (التعزيز النسبي) وعند بداية تدريب أي فرد على القيام باستجابة معينة يكون من الأجدى أن يعزز في كل مرة تصدر منه هذه الاستجابة، ولا شك أن التدريب على أساس جدول تعزيز جزئي يستغرق مدة أطول ولكن الاستجابة المدعمة على أساس من هذا الجدول الجزئي تستمر مدة

طويلة بعد أن يكون التعزيز قد توقف أما الاستجابة المعززة على أساس جدول من نوعية المائة في المائة فإنها تنطفئ بسرعة بعد أن يتوقف التدعيم، فإذا كنا بصدد تعليم طفل ما أن يقوم بشيء معين فيجب أن نعززه في البداية بسخاء، ولكن مع تقدم الطفل في اكتساب المهارة لا بد من تقليل التعزيز شيئاً فشيئاً وبذلك فإننا نضمن أن يطول عمر الاستجابة (سارنوف مدنيك، ترجمة عماد الدين إسماعيل, 1981، ص 73 – 84).

ويوضح "جابر عبد الحميد"، (1982) إلى أن المثير يستثير استجابة تميل للتكرار إذا عززت أي تبعتها مكافأة مادية أو معنوية، ويعتقد " سكنر " أن جميع أنواع السلوك الإنساني تقريبا نتاج للتعزيز الاشتراطي، ففي الحياة التربوية في الميادين المختلفة بما فيها التربية يغير الناس على الدوام احتمالات استجابات أخرى وذلك بترتيب النتائج المعززة، والتعزيز الاشتراطي يحث فاعله على السلوك حينما يؤدي مجموعة من الحركات أدت إلى التعزيز، ويزداد احتمال تكرار نفس الحركات وكلما تدعم أو تعزز بشكل معين من أشكال السلوك ازدادت فرص هذا السلوك للتكرار (جابر عبد الحميد، 1982، ص 229).

ويرى " سكنر Skinner " أنه كلما يدعم أو يعزز شكل معين من أشكال السلوك ازدادت فرص هذا السلوك للتكرار؛ لأن نظريته قائمة على أساس أن المثير يمكنه استثارة استجابة معينة يمثل للتكرار إذا دعمت أو عززت (دينس تشايلد، ترجمة عبد الحليم محمود وآخرون، 1983، ص 108) .

ويشير "عبد الستار إبراهيم" ، (1983) إلى أن الإنسان يعيش في بيئة اجتماعية، يتصرف بطريقة معينة فترد عليه البيئة بشكل من أشكال الإثابة أو العقاب كعائد لتصرفاته ، وهذا العائد أو المردود يسهم في تشكيل الاستجابات التالية للكائن (أي بالتشجيع على زيادة الاستجابات المرغوب فيها والتقليل من غير المرغوب فيها ويجعل " سكنر " من هذه الحقيقة موضوعا لنظريته في السلوك . فيطلق على جوانب السلوك التي تدعم من البيئة مفهوم السلوك الإجرائي قاصدا الإشارة إلى نمط من الاستجابات يترك أثارا فعالة على البيئة لتوليد نتائج أو آثار

معينة وبالتالى يتدعم أو ينطفىء بمقدار استجابات البيئة ويطلق عليها اسم التشريط الإجرائي (عبد الستار إبراهيم، 1983، ص 127) .

ويشير" سكنر" إلى أن مبادئ التشريط الإجرائي التي نجحت في تعلم الجماعة أنماطا من السلوك الذي يزداد تعقيدا من تجربة لأخرى يمكن أن يطبق على التعلم الإنساني المعقد كما يتمثل في التعلم المبرمج حيث تنظم الخبرات المراد تعلمها في خطوات صغيرة تأخذ بيد المتعلم في يسر من خطوة إلى خطوة تليها في تنظيم متتابع وفي ضوء إطار من التدعيم المتدرج بحيث تتبع مراتب التعلم مرات صعوبة الخبرة المراد تعلمها (مها سرور، 1995، ص 41).

كما يشير "سكنر " إلى أنه يمكن استخدام كثير من المعززات الاجتماعية في دراسة الاشتراط الإجرائي، وبالتالي لا توجد مشكلة في إيجاد المعززات المناسبة في دراسة السلوك الإنساني، فمن المعززات ذات الفاعلية والشائعة في مجال التعلم معرفة المتعلم بنتائج استجاباته التي تعتبر عاملًا معززًا قويًّا وكذلك الحصول على موافقة الأخريين سواء الأفراد أو الكبار تعتبر من المعززات الاجتماعية الفعالة في تعلم بعض أنماط السلوك (أنور الشرقاوي، 1983، ص 105).

وبذلك نرى أن نظرية الاشتراط الإجرائي في التعلم تستند على التعزيز فالسلوك الذي ينتج عن نتائج إشباعية يقوى بينما السلوك الذي ينتج عن نتائج غير إشباعية يضعف, والتعلم يحدث عادة عندما تكون الاستجابة السلوكية متبوعة بإثابة أو تدعيم.(دافيد مارتين, ترجمة صلاح مخيمر، 1973، ص 12).

فالتدعيم هو حدث معين من شأنه أن يقوي ميل الاستجابة إلى أن تتكرر؛ لذا فإن التدعيم شرط ضروري لبقاء العادة وكذلك لتعلمها (فيولا فارس الببلاوي، 1982، ص 142) .

ويشير "سكنر" إلى أن سلوك الكائن الحي ذى الدلالة هو السلوك المؤثر أو الفعال فمن طريقة تطبيق الاحتمالات المناسبة للتعزيز لهذا السلوك فإن الأنماط السلوكية للكائن الحي يمكن أن تشكل بصورة مرغوبة بواسطة الذين يمارسون عملية التعلم عن طريق التعزيزات المختلفة (عادل الأشول، 1978، ص176).

وقد أكد "سكنر" على ثلاثة أشكال للتعزيز وهي :

◆ **التعزيز الأولي:** Primary Reinforcement

ويستخدم كمعزز دون أن يحدث تعلم ؛ لأنه يشبع الحاجات الإنسانية غير المتعلمة .

◆ **التعزيز الثانوي:** Secondery Reinforcement

وهو المثير الذي كان محايدا في البداية وأصبح معززا لاقترانه بمثير طبيعي أولي.

◆ **التعزيز المعمم:** Generalized Reinforcement

ويتضمن مثيرات عديدة تستخدم كمعزز لمدى واسع من السـلوك خـلال التكرار المتـزاوج بالمثيرات الأولية والثانوية.

وقد عالج سكنر نظم التعزيز في النوعين التاليين :

◆ **التعزيز المستمر :** Continuous Reinforcement

حيث يحصل الكائن الحي على التعزيز بمجرد صدور كل استجابة إجرائية.

◆ **التعزيز المتقطع:** Intermittent Reinforcement

وفي هذا الأسلوب يتم تعزيز بعض الاستجابات دون الأخرى ، وفي هذا النوع توجد طريقتان لاختيار الاستجابات التي سنعززها وهما إما أن تعزز نسبة من الاستجابات (نسبة التعزيز) أو ان تعزز على أساس الزمن (نظام فترة التعزيز) . (أنور الشرقاوي ، 1988 ص 95 – 102) .

ويشير "حزم موافي"، (1980) إلى أن " سارنوف ميدنيك" حدد أربع نواح للتعزيز وهي :

◆ **الناحية الأولى:** هي أن التعزيز يجب أن يحدث بعد ظهور الاستجابة مباشرة ويعرِّف هذا المبدأ "بالاقتران الزمني".

◆ **الناحية الثانية:** وهي أن يكون التعزيز مثمرًا.

◆ **الناحية الثالثة:** هي أن يكون هناك حاجة إلى التعزيز الموجب وتتصل هذه النقطة " بالدافع ".

◆ **الناحية الرابعة:** وهي أن الاستجابة يجب أن تكون ضمن الحصيلة السلوكية للفرد.

ويتضح مما سبق أن التعزيز يمكن أن يستدل عليه من النتائج ومن ظهور السلوك المعزز وليس بالملاحظة (حزم موافي، 1980، ص 24) .

أنـواع التـعزيـز:

اقترح أوزبل وريسنون تصنيفًا لأنواع التعزيز على النحو التالي :

◆ **المكافأة أو المثوبة:** والتي تتخذ شكلًا ماديًّا وتتمثل في تقديم شيء عيني يسمى المكافأة أو الباعث أو المعزز الموجب والتي تشبع لدى المتعلم دافعا من نوع ما، مثل المكافأة، الجوائز المادية، المالية، الدرجات، التقديرات المدرسية، المدح اللفظي وغيرها مما يجعل التلميذ يشعر بالرضا والارتياح.

◆ **إزالة الاستثارة المنفرة:** وهي أن يشعر التلميذ من خلال تعليقات الوالد أو المعلم أن أخطاءه تتناقص أو تزول جزئيًّا أو كليًّا مما يجعله يحس بالرضا أو الارتياح.

◆ **التغذية الراجعة المدعمة:** والتي من خلال تعليم التلميذ أن الاستجابة التي قام بها صحيحة ومن خلال هذه المعلومات قد يحصل على قدر من الرضا من تدعيم هذه الاستجابة الصحيحة إلا أن الرضا في هذه الحالة قد لا يكون له نفس قوة ما يحصل عليه من المكافأة.

◆ **التجاهل أو الإهمال:** وفيه لا يتلقى التلميذ أي لوم أو مدح إلا أنه قد يلاحظ ما يوجه للتلاميذ الأخريين من مدح أو لوم وقد يلاحظ ذلك كما أنه لا يعلم بالطبع أداءه ولا تقدم له أية معلومات تغذية راجعة عنه.

◆ **التغذية الراجعة التصحيحية:** ومن ذلك أن يعلم التلميذ أن استجابته خاطئة مما يؤدي إلى شعور التلميذ بالتوتر وبالتالي الحاجة إلى تجنب تلك الاستجابة قدر المستطاع ولذلك تعتبر التغذية الراجعة التصحيحية نوعا ضعيفا من الاستثارة المنفرة.

♦ **إزالة المكافأة المنتظمة (الانطفاء):** ومن ذلك أن يعلم التلميذ بعد أن يتعرض لخبرات متتابعة من المكافأة قد يظهر الإهمال أو يقع في الأخطاء مما يؤدي إلى عدم الحصول على المكافأة.

♦ **التعبير الصريح عن عدم الموافقة:** فعندما يكون سلوك التلميذ من النوع الذي لا يتوقعه الآباء أو المعلمون على نحو لا يرجع إلى محض الصدفة فإنه قد يظهر نوعًا من الرفض أو الاعتراض كأنه يقول له: أنك من الممكن أن تؤدي أحسن مما فعلت وهذا يؤدي بالتلميذ إلى الشعور بالخزي وخصوصا عند التلاميذ الذين لديهم دافع انتمائي قوي.

♦ **التلميح بالفشل:** فإذا كان التلميذ عن قصد يستمر في الأداء الضعيف فإن الأمر قد يصل إلى أن يخبره الآباء أو المعلمون بأن عمله قد يؤدي إلى الفشل وهنا تحدث للطفل خبرة الفشل الحقيقية.

♦ **الفشل الفعلي:** إذا استمر التلميذ عن قصد في الأداء الضعيف فإن المعلم قد يضطر إلى أن يطلب منه تكرار العمل أو يحكم عليه بالفشل وبذلك تحدث للطفل خبرة الفشل الحقيقية.

♦ **العقوبة أو الجزاء:** وتشمل الذم أو التوبيخ أو التأنيب أو اللوم أو النقد أو الاستهجان أو التقريع أو التعنيف (فؤاد أبو حطب، آمال صادق، 1990، ص 364 - 366).

ومن خلال العرض السابق لأنواع التعزيز نجد أن الأنواع الثلاثة الأولى تعتبر تعزيزًا موجبًا (الثواب)، أما الأنواع الستة الباقية فتعتبر تعزيزًا سالبًا (عقاب).

وفيما يلي نعرض بعض أنواع التعزيز الموجب ولبعض أنواع التعزيز السالب:

أنواع التعزيز الموجب:

وهو نمط من الاستثارة (المثيرات) تقدم للمتعلم بعد الأداء فتحدث أثرًا يؤدي إلى شعوره بالرضا أو الارتياح، من شأنه أن يقوي الاستجابات المعززة.

ومن أشكال التعزيز الموجب ما يلي:

أ - المعززات الاجتماعية:

وتتضمن عدداً من الإجراءات مثل المدح، والاهتمام، والتلاحم الجسدي كالربت على كتف الطفل، والتعبيرات الإيجابية للوجه كالابتسام، والتلاحم البصري، وغيرهما. وفي معظم تطبيقات التعزيز الاجتماعي يفضل أن يستخدم المعلم الموافقة اللفظية بعد السلوك المقبول.

ويتميز التعزيز الاجتماعي بعدة مميزات منها:

- أن المدح والموافقة اللفظية وغير اللفظية فعالة جدًا في تعديل السلوك لدى التلاميذ.

- أن التعزيز الاجتماعي أمر سهل التنفيذ من قبل المدرس، كما أن المدح يمكن تقديمه لعدد من التلاميذ في وقت واحد وبسرعة.

- يختلف المدح عن المعززات الأخرى كالطعام مثلا في أنه عند استخدامه لا يولد إحساساً بالحرمان.

- أنه يمكن استخدام المدح والاهتمام في كل مواقف الحياة اليومية من قبل المعلمين والوالدين وغيرهم.

غير أنه يعاب على التعزيز الاجتماعي بأنه ليس فعالا دائما وقد لا يحدث تغييراً في السلوك بالدرجة المتوقعة، وفي هذه الحالة يفضل استخدام أساليب بديلة (محمد الشناوي، محمد عبد الرحمن 1998، ص 357 - 358) .

ب - الامتيازات والأنشطة:

يميل الأطفال إلى المشاركة في الأنشطة التي يفضلونها، ويعتمد استخدام الأنشطة المفضلة كأسلوب علاجي على "قاعدة بريماك" Premack الذي لاحظ أن السلوك الأكثر تكرارا في مواقف الاختيار الحر يمكن استخدامه في تعزيز الأقل تكرارا - فعلى سبيل المثال - فإن استكمال العمل (سلوك أقل تكراراً) يمكن أن يتحسن إذا تبعه اللعب (سلوك أكثر تكراراً) أي إن السلوكيات الأكثر تكراراً تعزز السلوكيات الأقل تكراراً.

ويمكن استخدام أسلوب الامتيازات والأنشطة في الفصل المدرسي لتعزيز السلوك الذي يرغب المعلم في إنمائه، حيث يسمح للتلاميذ بالاشتراك في أنشطة من اختيارهم في أوقات الراحة أو علاج ما لديهم من مشكلات.

وكذلك يمكن استخدام معززات تجعل العملية التعليمية أكثر إمتاعاً مثل الألعاب والأقلام وأجهزة التسجيل الصوتي، والقراءة الحرة وغيرها، غير أن هذا الأسلوب العلاجي أقل أهمية من المعززات الاجتماعية للأسباب الآتية:

• قد لا يطبق بالصورة المطلوبة لتداخل المهام المرتبطة به مع مهام أخرى أو تعارضها معها، فالتلميذ الذي يطلب منه التفاعل مع زملائه قد لا يستطيع ذلك بسبب انشغاله في أعماله أو انشغال زملائه.

• أن الاختبارات والأنشطة قد لا تصلح لتعزيز سلوك كل الأفراد.

ولكن يمكن استخدام هذا الأسلوب مع بعض الحالات مع ملاحظة نوعية المعززات والأنشطة ومدى ملاءمتها للحالة.

ج - التغذية المرتدة:

تتضمن التغذية المرتدة إمداد الفرد بمعلومات حول مستوى إنجازه حيث يستطيع الفرد بذلك أن يتجاوز أخطاءه ويعدل من سلوكه، وليس بالضرورة أن تقترن عملية التغذية المرتدة بأحداث أخرى أو تعزيزات مثل المدح أو الموافقة على الأداء.

وتعد التغذية المرتدة فعالة في العديد من التطبيقات وخاصة إذا اقترنت بتعزيزات أخرى من قبيل المدح أو إعطاء هدايا أو غيرها، ولكنها تكون أقل فاعلية إذا قدمت بدون هذه التعزيزات (محمد الشناوي، محمد عبد الرحمن 1998، ص 359 - 361).

د - المعززات الرمزية:

بالرغم من أن هذه الطريقة تعتبر وافدا حديثا في ميدان العلاج السلوكي، فإنها قد حظيت بإقبال واسع من المعالجين السلوكيين، فالحقيقة أن أول برنامج سلوكي

من هذا النوع تـم سـنة 1965 بمستشفي "آنـا سـتيت" Anna State Hospital عـلى يـدي "آيلون" و"أزرين" (Ahylon and Azrin1968) بهدف زيادة دوافـع المـرضى العقليـين وعلاجهـم وتأهيلهم، فقد أصبح اليوم لبرامج اقتصاديات المنح متخصصوها والخـبراء فيهـا وبـدأت الخـبرة والتخصص في هذا الميدان تساعد عـلى وضع مزيـد مـن الأسـس العلميـة للتوسيـع مـن نطـاق استخدامها (عبد الستار إبراهيم وعبد الـلـه عسكر، 1997، ص 368).

وتستخدم المعززات كالنجوم والدرجات (العلامات) والبطاقات وغيرها تحت ما يسمى بالمعززات الرمزية وهو تطبيق لمبدأ التدعيم الإيجابي ، وتستخدم للدلالة على مجموعة من الأساليب توظف فيها المعززات الرمزية قد لا تكون ذات قيمة في حد ذاتها ، ولكنها تكتسب خاصية التعزيز من خلال استبدالها بمعززات عينية كالطعام ، واللعب ، والنقود ، وغيرها .

وتعطى للتلميذ عند قيامه بسلوك مرغوب فيه أو تجنب سلوك غير مرغوب فيه.

ويمتاز التعزيز الرمزي بالآتي:

◆ يمكن إعطاء المعزز الرمزي بعد حدوث السلوك المرغوب مباشرة ومن ثم استبداله في أي وقت أخر.

◆ يمكن استخدامه كوسيلة تعزيز منظمة ولأي عدد من الأفراد في وقت واحد.

◆ نجاحه في زيادة فاعلية العملية التعليمية وخاصة مع التلاميذ وفي التحكم في السلوكيات الشاذة داخل الفصل.

◆ إمكانية إعطاء عدد كثير من المعززات الرمزية لاستجابات عديدة دون الخوف من الإشباع.

ولكنه يعاب عليه أنه أسلوب معقد بالمقارنة بالأنواع الأخرى من أساليب التعزيز فبرنامج التعزيز الرمزي يحتاج لمعززات، وقائمة بالأحداث التي يجب أن

يحدث فيها التعزيز والسلوكيات غير المرغوبة والبديلة لها والقيم المرتبطة بكل منها كما أنه يحتاج لوقت أطول من البرامج الأخرى كالمدح والتغذية المرتدة (محمد الشناوي، محمد عبد الرحمن، 1998، ص 361 - 362).

ولتحقيق أعلى فائدة من التعزيز الموجب لزيادة حدوث سلوك معين يجب اتباع الآتي :

♦ **اختبار السلوك الذي تم التدريب عليه واكتسابه:**

فيجب أن يكون السلوك المرغوب فيه سلوكا محددا وليس من فئة عامة للسلوك، وكذلك إذا أمكن أن تختار وتنتقي السلوك الذي يتم التحكم فيه من جانب المعززات الطبيعية بعد ما تم زيادته في التتابع ولكن يتم بدقة تقييم مدي فاعلية وتأثير المعزز التي قمت باختياره، فمن الضروري تتبع أثر كيف يحدث أحيانا السلوك قبل تطبيق البرنامج (Carry Martin, 1978, p. 31- 32).

♦ **يجب أن تتوافر في المعززات الشروط الآتية:**

- أن تكون متاحة ومتوفرة.
- أن تكون آمنة ولا تسبب أية خطورة.
- يمكن استخدامها أكثر من مرة.
- ألا تكون سريعة التلف.
- أن تكون اقتصادية.
- يمكن تقديمها بعد السلوك المرغوب فيه.

♦ **مدى تكرار التعزيز:**

عدد مرات تعزيز السلوك تختلف من موقف لآخر فمثلاً إذا كنا نريد إكساب سلوكيات جديدة فإنه يفضل تعزيز المتعلم في كل وقت ولأي عدد من المرات يظهر فيه السلوك الجديد ولكن قد يصعب تطبيق هذا المبدأ في كل الأحوال.

♦ **الوقت المناسب لعملية التعزيز:**

يجب في البداية أن يكون الفاصل الزمني بين حدوث السلوك المرغوب فيه

وعملية التعزيز قصيراً جداً وتدريجياً يتم زيادة هذا الفاصل الزمني كلما تحققت درجة أكثر من ثبات السلوك.

◆ **السن والجنس:**

يحتاج التلاميذ إلى أنواع مختلفة من التعزيز طبقاً للعمر والجنس، فأطفال الحضانة مثلا لديهم رغبة لا تشبع من عملية المدح وذلك لاعتمادهم الشديد على سلطة البالغين، أما في عمر السابعة فإن البنات أكثر لهفة للحصول على التعزيز من الكبار في حين يفضل البنون الاستحسان والتعزيز من قبل الكبار، كما وجد "بورنز" Burnz (1978) أن التلاميذ بين (11 - 15) سنة لديهم ميل معتدل أو متوسط لعملية المدح، وأن المدح الهادئ يكون موضع تقدير لدى البنات بشكل خاص وليس أمام كل الزملاء (محمد الشناوي، محمد عبد الرحمن، 1998، ص 367) .

أثر التعزيز الموجب على التعلم:

يشير " فؤاد أبو حطب، آمال صادق"، (1990) إلى أن من أهم آثار التعزيز الموجب ما يولده في المتعلم من حالات انفعالية سارة, فهو عادة ما يجعل الطفل يشعر بالرضا أو اللذة أو السرور فهو يؤدي إلى تقوية المحددات الدافعية التي تعمل على تنشيط السلوك وتوجيهه وذلك لمدى طويل، كما يعمل على تنشيط جهود المتعلم اللاحقة ويزيد من دافعية الطفل في الاستفادة من التعلم كما يؤدي الثواب إلى زيادة الاحتمال النسبي لحدوث الاستجابة (فؤاد أبو حطب، آمال صادق، 1990، ص 378).

وللتعزيز الموجب آثار قصيرة المدى وهي أن وعي الطفل بالنجاح والذي يشبع بعض دوافعه يؤدي إلى تنشيط جهود المتعلم اللاحقة التي يقوم بها، وذلك بسبب زيادة ثقة الطفل بنفسه وتشجيعه على المغامرة، والمثابرة، وزيادة الجاذبية الذاتية لموضوع التعلم وفي نفس الوقت فإن الثواب يزيد دافعيه الطفل للاستفادة مما تعلم بالفعل، وأيضا يساعد الثواب على توضيح طبيعة العمل كما يجعل للتعلم معنى

وذلك بالربط بين مجموعة من الاستجابات وأهداف معينة وبدون هذا الارتباط يصبح السلوك غير موجه   (فؤاد أبو حطب، آمال صادق، 1984، ص 379).

مآخذ على استخدام التعزيز الموجب:

- قد يحمل آثارًا عكسية نحو الميل الذي نريد إكسابه للتلاميذ حيال النشاط المرغوب.

- إن التعزيز يعتمد على مدى صحة السلوك، والمشكلة هنا مهما كانت دقتنا في الحكم فإن الأحكام الشخصية لا مفر منها.

- المأخذ الأخير هو مأخذ أخلاقي حيث يوجه النقد للتعزيز أنه يقهر ويسير الطفل آلياً وإن كان ذلك بطرق جذابة بحيث لا ينظر إليه كإنسان له ضميره ومشاعره (محمد الشناوي، محمد عبد الرحمن، 1998، ص 372 - 373).

التعزيز السلبي:

وينشأ نتيجة إزاحة معزز سلبي من الموقف، وتعد المعززات بمثابة مثيرات منفرة يعمل الكائن الحي على تجنبها، وأن ظهور المثير مع معزز سالب عدة مرات، يعمل على أن يكتسب هذا المثير خاصية المعزز السالب، ويصبح هذا المثير بمثابة معزز شرطي سالب.

ومن أساليب التعزيز السلبي:

أ- التأنيب اللفظي: Verbal Reprimands

بعد استخدام عبارات التأنيب وألفاظه من قبيل: أحذرك، أنذرك، أنا غير موافق، لا من أكثر الكلمات تكرارا في الفصول المدرسية وربما تكون أكثر استخدامًا من عبارات وألفاظ الموافقة ويستخدم التأنيب في معظم السلوكيات غير المقبولة ومن المحتمل أن يكون أسهل أساليب العقاب تطبيقًا.

ب- الوقت المستقطع من التعزيز: Time Out From Reinforcement

ويقصد به إلغاء كافة التعزيزات الإيجابية لفترة محددة من الوقت، وفي هذا الوقت المستقطع لا يتلقى الطفل المعززات الإيجابية من السلوكيات الخاطئة في

الفصل وفي المنزل والمؤسسات التربوية والعلاجية عموماً، كما يوحي أن يكون الوقت المستقطع قصيراً نسبياً حتى لو تكرر ذلك عدة مرات فقد يكون أكثر فاعلية من الوقت المستقطع الطويل ويتراوح الوقت المناسب بين عدة ثوان وبضع دقائق.

ج- ثمن الاستجابة: Response Cost

يشير ثمن الاستجابة إلى فقد التعزيز الإيجابي أو جزء منه، وفي معظم تطبيقات هذا الأسلوب يتم استرداد جزءاً تم منحه على شكل معززات، ومن هذا المنطلق يشعر الطفل أنه سيخسر شيئاً ما نتيجة سلوكه الخاطئ، ولذلك يجب أن يقوم المعلم بشرح هذا الأسلوب قبل تطبيقه مقترنا بالتوجيهات المناسبة ليعرِّف الطفل متى سيطبق عليه هذا العقاب، وقيمة ما سيخسره.

د- التصحيح الزائد والإجراء الإيجابي:

Overcorrecting and positive practice

وهو بمثابة جزاء (عقاب) بسبب الانخراط في سلوك غير مرغوب فيه والذي يتكون من أداء سلوكيات أخرى في نفس الموقف، ويمكن التمييز بين مكونين أساسيين في التصحيح الزائد: المكون الأول يمكن تعريفه بالعودة إلى وضع سابق الرجوع أو الارتداد ويتضمن تصحيح الآثار البيئية للسلوك غير المرغوب (مثل ترتيب أو تنظيف ما نتج من سوء استعمال شيء ما) أما المكون الثاني فيعرَّف بالإجراء الإيجابي ويتضمن تكرار إجراء السلوك المرغوب (مثل ترتيب أو تنظيف الحجرة مثلا مرات عديدة)، وهذا الأسلوب يعد من أكثر أساليب العقاب التي تناسب هذا المكون والتي تقاوم عند تعلمها أو ما تعرف بالسلوكيات العنيدة في تعلمها كالحد من النشاط الزائد مثلا، غير أن التقريرات الموضحة حول استخدام هذا الأسلوب في الفصول الدراسية مازالت محدودة نسبياً (محمد الشناوي، 1998، ص 373 - 380).

أثر التعزيز السلبي على التعلم:

يرى فؤاد "أبو حطب" و"آمال صادق" (1990) أن للتعزيز السلبي أثره على التعلم في:

إن العقاب يساعد على تحديد المشكلة في شكل له معنى وإعطاء معلومات عن مدى التقدم نحو الهدف حيث يتم ذلك في ضوء ما يجب تجنبه وليس في ضوء ما يجب أن يفعله الشخص.

- إن العقاب على المدى الطويل يؤدي إلى إضعاف الدافع الـذي يسـبب تنشـيطاً وتوجيـه السلوك الذي يعاقب عليه الطفل.

- وعلى المدى القصير يؤدي العقاب إلى نقصان الاحتمال النسبي لحدوث الاستجابات التي تؤدي إليها.

- إن العقاب يساعد الطفل على تجنب الفشل في التعلم اللاحق عن طريق تركيـز الانتبـاه وبذل مزيد من الجهد (فؤاد أبو حطب، وآمال صادق، 1990، ص 372 - 373).

مآخذ على استخدام التعزيز السلبي:

◆ لما كان العقاب يمثل مواجهة بين المعاقِب والمعاقَب فإن المعلم لا يخبر التلاميذ ما يجب أن يفعلوه وإنما يعلمهم مالا يجب أن يفعلوه، ولذلك يجنح "سكنر" بأن العقاب يعلِّم التلاميذ أساليب التجنيب ويشجع السلوك المرغوب في وجود الكبار فقط، وقد يدفعهم إلى الركون إلى العقاب ولو بدرجة طفيفة.

◆ في حالات سوء سلوك التلاميذ الذي يرجع إلى رغبتهم في لفت الانتباه فقد يعزز العقاب هذا السلوك في الوقت الذي يقصد كفه بالعقاب، ويرجع ذلك إلى رغبة الطفل في جذب الانتباه وأنه قد حقق ما أراد من خلال استجابة المدرس حياله.

◆ إن العقاب يمكن أن يكون وقودا لعدم التكيف مع المناخ المدرسي، ليس فقط ما يخص منها العقاب الجسدي ولكن أيضا ما يخص من الأساليب الأخرى مثل اللوم والتوبيخ على الملأ.

◆ يعرض العقاب التلاميذ في بعض الظروف لنموذج غير ملائم في سلوك الكبار فيقومون بتقليده ويرى "رايت" (1971 Wright) أن رؤية التلاميذ لزميلهم الذي يعاقب يتوقف على نظرة التلاميذ إلى عدالة أو تعسف العقوبة، وأن على المدرس أن يحذر تمثيل النموذج غير المناسب المتصف بالعنف وعدم العدالة، وطبقا لنظرية التعلم الاجتماعي"لبندورا" فإن التلاميذ قد يتصرفون بعدوانية من خلال تقليد السلوك العدواني للكبار.

◆ إن التلاميذ الذين يعاقبون بصفة متكررة قد يحرمون من إظهار فضائل كالرقة والحساسية ويحل محلها الخشونة والتبلد الانفعالي (محمد الشناوي 1998، ص 384 - 387).

***

الفصل الرابع
دراسات تناولت أثر استخدام
التعزيز على عملية التعلم

الفصل الرابع
دراسات تناولت أثر استخدام التعزيز على عملية التعلم

دراسة "جتنجر" Gettinger (1983)

تهدف هذه الدراسة إلى توضيح العلاقة بين سلوك التلميذ الظاهر أثناء تلقي التعليمات داخل الفصل، التعزيز المدرسي لهذا السلوك، قدرة التلميذ و بين التحصيل الدراسي و تم ذلك على عينة قوامها (98) تلميذاً من تلاميذ الصف الرابع الابتدائي. و قد تم ملاحظتهم لمدة عشرة أيام ست دقائق كل يوم أثناء الحصة في المواد الدراسية الآتية (الحساب – الجغرافيا – العلوم – اللغة) حيث كانت هذه الملاحظة لكل تلميذ. و تم تسجيل نوعين من سلوك التلميذ:

◆ سلوك أثناء المهمة On task behavior .

◆ دقة الاستجابة لأسئلة المدرس المقدمة.

و استخدم ثلاثة أنواع من التعزيز الموجب:

● تعزيز لفظي (مدح) للسلوك أثناء المهمة.

● تعزيز لفظي للاستجابة الصحيحة.

● تعزيز مادي Tangible Reinforcement .

و كان ذلك أثناء كل فترة من فترات الملاحظة.

و طبق اختبار تحصيلي بعدى من واقع محتوى الدروس المقررة على التلاميذ في المواد الدراسية السابقة. و باستخدام تحليل المسارات أظهرت النتائج أن التعزيز المدرسي الموجب بأشكاله الثلاثة كان له تأثير موجب ذو دلالة إحصائية على التحصيل الدراسي للتلاميذ.

توصلت هذه الدراسة إلى عدة نتائج كان من أهمها:

أهمية دور التعزيز الموجب في التعلم.

دراسة "محمود أحمد أبو مسلم" (1983)

تهدف هذه الدراسة إلى معرفة أثر استخدام التعزيز المادي و المعنوي على الأداء الابتكاري لدى التلاميذ باستخدام اختبار " توارنس" للتفكير الابتكاري باستخدام الكلمات في صورة قائمة (ب) لمعرفة أثر استخدام التدعيم المعنوي و المادي على أداء التلاميذ في اختبار عينة للذكاء الابتدائي، و معرفة الفروق بين أثر استخدام كل من التدعيم المادي الكلي و المعنوي على أداء التلاميذ في اختبارات القدرة على التفكير الابتكاري و اختبار عين شمس للذكاء الابتدائي، وتتكون عينة الدراسة من ست مجموعات كل منها يتألف من خمسين تلميذاً من تلاميذ الصف الخامس والسادس الابتدائي في مدينة المنصورة، تم اختيارهم بطريقة عشوائية وجميع أفراد العينة من الذكور الذين تمتد أعمارهم بين العاشرة و الثانية عشر عاماً. استخدمت قائمة تتضمن مجموعة كلمات يقوم بقراءتها مع تقديم معززات لفظية مثل (جيد، أحسنت). أما المجموعة الأخرى يقدم لها قائمة بصورة (أ) مع تقديم تعزيز مادي مثل الأقلام والمساطر. مع وجود مجموعة ضابطة لا يقدم لها أي معزز وذلك في كل من الصفين الخامس و السادس.

توصلت هذه الدراسة إلى عدة نتائج كان من أهمها:

◆ وجود فروق دالة إحصائياً بين متوسط أداء المجموعة التجريبية (المعززة معنوياً) ومتوسط أداء المجموعات الضابطة على اختبار الذكاء لصالح المجموعة التجريبية الأولى، كما وجدت فروق بين متوسط أداء المجموعة التجريبية الثانية.

◆ عدم وجود فروق دالة بين أداء كل من المجموعة التجريبية الأولى والثانية في اختبار الذكاء و لكن وجدت فروق بين أداء كل من المجموعتين التجريبيتين الأولى والثانية والمجموعة الضابطة في اختبار القدرة على التفكير الابتكاري لصالح المجموعتين التجريبيتين الأولى و الثانية.

دراسة " ناجي محمد قاسم" (1983)

و تهدف هذه الدراسة إلى معرفة أثر التعزيز اللفظي الموجب و السالب على تحصيل مادة الحساب لتلاميذ الصف الرابع من المرحلة الابتدائية. أجريت الدراسة على عينة قوامها (130) تلميذًا من تلاميذ الصف الرابع من مراحل التعليم الأساسي بمحافظة الإسكندرية تتراوح أعمارهم ما بين (9 إلى 10) سنوات، حيث استخدم الباحث ثلاثة أشكال من التعزيز هي: التعزيز اللفظي الموجب مثل عبارات المدح (ممتاز – برافو) والتعزيز اللفظي السالب مثل عبارات اللوم (خطأ – غلط) و التعزيز اللفظي الموجب و السالب معًا، و قد قسم الباحث العينة إلى أربع مجموعات هي:

المجموعة الأولى: استخدم معها عبارات المدح عقب الأداء الصحيح، وعبارات اللوم عقب الأداء الخطأ.

المجموعة الثانية: استخدم معها عبارات المدح فقط عقب الأداء الصحيح ولم يستخدم أي عبارات أخرى عقب الاستجابة الخطأ.

المجموعة الثالثة: استخدم معها عبارات اللوم فقط عقب الأداء الخطأ.

المجموعة الرابعة (الضابطة) : لم يستخدم معها أي أسلوب من أساليب التعزيز سواء الموجب أو السالب.

وكان الأسلوب الإحصائي المستخدم في الدراسة هو تحليل التباين المتعدد.

توصلت هذه الدراسة إلى عدة نتائج كان من أهمها:

◆ أن لكل من أنواع التعزيز اللفظي تأثيرا على تحصيل تلاميذ الصف الرابع الابتدائي ولكن هذا التأثير بدرجات مختلفة.

دراسة " برولي" Brwley (1984)

هدفت هذه الدراسة إلى بحث أثر كل من التعزيز و دافعية الإنجاز على الأداء في الحساب باستخدام الحاسب الآلي. وذلك على عينة قوامها (120) تلميذاً من

المرحلة الابتدائية بالصف الثاني، الرابع، السادس، و تم تقسيم العينة إلى ثلاث مجموعات:

- مجموعة أولى تلقت مكافأة مادية على الاستجابات الصحيحة.
- مجموعة ثانية تلقت مدح (تعليقات لفظية).
- مجموعة ثالثة (وهي مجموعة معرفة النتائج في حالة الإجابات الصحيحة فقط)، و قد تم تحليل النتائج باستخدام تحليل التباين في التصميم العاملي 3 (ثلاث معالجات) × 2 دافعية الإنجاز (منخفض/ مرتفع) × 3 الصف الدراسي (الثاني، الرابع، السادس).

توصلت هذه الدراسة إلى عدة نتائج كان من أهمها:

- وجود تأثير دال إحصائيًا لنوع التعزيز على تعلم التلاميذ لمادة الحساب.

دراسة " عبد العزيز محمود عبد الباسط" (1987)

تهدف هذه الدراسة إلى أثر تفاعل نوع التعزيز، سمات الشخصية و المستوى الاجتماعي على التحصيل الدراسي لدى تلاميذ الحلقة الأولى من التعليم الأساسي على عينة قوامها (240) تلميذاً و تلميذة بالصف الخامس الابتدائي ببنها حيث استخدم الباحث التعزيز في صورة إيجابية (مدح / مادي)، وكذلك استخدام بعض أشكال التعزيز السالب، و استخدام تحليل التغاير ذي التصميم العاملي (2× 3× 4× 2)، 2 نوعي التعزيز (موجب - سالب × 3)، 3 أشكال التعزيز الموجب (مكافأة / مادي / مدح من معرة النتائج)، 4 سمات الشخصية (انبساط / عصاب، انبساط/ اتزان انفعالي، انطواء/ عصاب، انطواء / اتزان انفعالي)، 2 مستوى اجتماعي (مرتفع / منخفض).

توصلت هذه الدراسة إلى عدة نتائج كان من أهمها:

- أن التعزيز الموجب له دور مؤثر و فعال على التحصيل الدراسي للتلاميذ مقارنة بالتعزيز.

- المكافأة المادية أفضل أشكال التعزيز الموجب فاعلية على التحصيل الدراسي مقارنة بأشكال التعزيز الموجب الأخرى.
- وجود فروق دالة إحصائيًا على مستوى التحصيل الدراسي باختلاف أشكال التعزيز السالب و هذه الفروق لصالح المجموعة التي تعرِّف النتائج مقارنة بأشكال التعزيز الأخرى.

دراسة "محمود عوض الـلـه سالم" (1989)

و تهدف هذه الدراسة إلى دراسة أثر تفاعل نوع التعزيز، الذكاء، الأسلوب المعرفي على التحصيل الدراسي، دراسة أمبيريقية. وطبقت على عينة من تلاميذ الصف الثاني الإعدادي قوامها (186) تلميذاً صنفوا إلى أربعة أنماط وفقاً للأسلوب المعرفي (التروي - الاندفاع) وهم:

(المتروون / المندفعون - بطيئو الاستجابة غير الدقيقين - سريعو الاستجابة - البطيئون) في حين صنفت هذه المجموعات إلى تصنيفين وفقا لنوعي التعزيز (الموجب - السالب). وصنفت هذه الأنماط الأربعة السابقة إلى مرتفعي الذكاء ومنخفضي الذكاء.

وقد استخدمت الدراسة أسلوب تحليل التباين في التصميم العاملى (2×4×2)

توصلت هذه الدراسة إلى عدة نتائج كان من أهمها:

- عدم و جود فروق دالة إحصائيًا بين مجموعات الدراسة في التحصيل نظرًا لمتغير التعزيز(سالب - موجب).
- عدم وجود فروق دالة إحصائيًا بين مجموعات الدراسة في التحصيل الدراسي نظرا لتفاعل المتغيرات الثلاثة الرئيسية.

دراسة " أبو زيد سعيد الشويقي" (1990)

تهدف هذه الدراسة إلى معرفة تأثير كل من الأسلوب المعرفي (معتمد / مستقل)، نوع التعزيز (مدح / نقد)، شكل التعزيز (لفظي - مكتوب) و التفاعل بينهم على التحصيل في الرياضيات، وقد استخدم عينة قوامها (237) تلميذاً

بالصف الثامن من التعليم الأساسي بطنطا، حيث قام الباحث بتقسيمهم إلى أربع مجموعات:

◆ المجموعة الأولى: (93) تلميذًا تلقى أفرادها نقدًا لفظيًا يتمثل في توجيه عبارات النقد(الذم) واللوم للتلاميذ على أخطائهم في الاختبار التحصيلي السابق.

◆ المجموعة الثانية (93) تلميذًا: و تلقى أفرادها ورقة الإجابة على الاختبار التحصيلي السابق بعد تصحيحها و كتابة تعليقات تعبر عن عدم الموافقة عقب الإجابة الخاطئة.

◆ المجموعة الثالثة (98) تلميذا حيث تلقى أفرادها مدحًا لفظيًا يتمثل في توجيه عبارات المدح أو الثناء على إجاباتهم في الاختبار التحصيلي السابق.

◆ المجموعة الرابعة (93) تلميذًا و تلقى أفرادها ورقة الإجابة على الاختبار التحصيلي السابق بعد تصحيحها و كتابة تعليقات موجبة (مدح أو ثناء) وتعبر عن الموافقة عقب الإجابة الصحيحة.

و باستخدام تحليل التباين للقياسات المتكررة في تصميم عاملي رباعي:

(تقديم الاختبارات) المحاولات × الأسلوب المعرفي (معتمد / مستقل) × نوع التعزيز (نقد/ مدح) × شكل التعزيز (لفظي × مكتوب) لدرجات التحصيل في الرياضيات.

توصلت هذه الدراسة إلى عدة نتائج كان من أهمها:

◆ التعزيز الموجب (المدح) له دوره المؤثر والفعال على تحصيل التلاميذ في الرياضيات بالمقارنة بالتعزيز السالب (النقد).

◆ التعزيز اللفظي أكثر فعالية على تحصيل التلاميذ في الرياضيات من التعزيز المكتوب وأن المدح اللفظي أكثر صور التعزيز فعالية على التحصيل في الرياضيات بالمقارنة بصور التعزيز الأخرى المستخدمة.

دراسة "عادل محمد العدل" (1992)

هدفت إلى التحقق من فعالية استخدام التعزيز الموجب في التغلب على صعوبات التعلم في مادة الكيمياء للصف الثاني الإعدادي، وهل تتوقف هذه الفاعلية على مستوى ذكاء الطالب ونوعه؟، وقد استخدم الباحث اختباراً تشخيصياً في مادة الكيمياء، واختبارًا تحصيلياً في مادة الكيمياء، واختبار الذكاء المصور " لأحمد زكى صالح" وقد تكونت عينة الدراسة من (254) تلميذاً منهم (131) تلميذاً، (123) تلميذة بالزقازيق من تلاميذ الصف الثاني الإعدادي.

توصلت هذه الدراسة إلى عدة نتائج كان من أهمها:

- وجود تأثير دال لكل من التعزيز، ومستوى الذكاء على درجات التلاميذ الذين يعانون من صعوبات في تعلم الكيمياء.
- عدم وجود تأثير للتفاعلات الثنائية، أو الثلاثية لمتغيرات التعزيز الموجب، ومستوى الذكاء والجنس على درجات التلاميذ الذين يعانون من صعوبات في تعلم الكيمياء.

دراسة "هيتشنسون" (1993) Hutchinson

هدفت هذه الدراسة إلى تنمية استراتيجيات حل المشكلات لدى التلاميذ ذوي صعوبات التعلم من خلال تقديم برنامج تدريبي لمدة خمسة أسابيع، وكان يقدم للتلاميذ تغذية راجعة وتعزيزاً، وأجريت الدراسة على عينة من تلاميذ الصف الثامن و التاسع ذوي صعوبات التعلم قوامها (20) تلميذاً وتلميذة و يتراوح مستوى ذكائهم ما بين (85- 115) على مقياس " وكسلر" ويظهرون تناقصاً فيما بين القدرة والتحصيل وبعد الانتهاء من تقديم البرنامج التدريبي.

توصلت هذه الدراسة إلى عدة نتائج كان من أهمها:

- وجود فروق دالة إحصائيًا في القدرة على حل المشكلات بين التلاميذ قبل وبعد البرنامج و كانت الفروق لصالح التطبيق البعدي عند مستوى دلالة 0.05.

دراسة " نبيل محمد زايد" (1994)

وتهدف هذه الدراسة إلى التعرف على أثر الثواب والعقاب على تحصيل الكسور الاعتيادية لدى تلاميذ الصف الرابع الابتدائي بجنوب السعودية، حيث تم اختيار العينة من تلاميذ الصف الرابع من المداس الابتدائية بمدينة "أبها". و تكونت العينة من (110) تلميذاً وتلميذة مقسمين إلى (64 بنتاً، 64 ولداً) و تم تقسيمهم إلى مجموعتين هما: مجموعة ضابطة يُدَّرسُ لها بدون استخدام ثواب أو عقاب ومجموعة تجريبية تتضمن مجموعتين فرعيتين الأولى يُدرسُ لها باستخدام الثواب، ومجموعة تدريبية ثانية يُدرسُ لها باستخدام العقاب. حيث تم تطبيق الصورة (أ) من الاختبار التحصيلي قبل تدريس وحدة التعلم على المجموعات الثلاث، و تم تطبيق الصورة (ب) من الاختبار التحصيلي بعد تدريس تلك الوحدة على المجموعات الثلاثة أيضا. كما تم ضبط الذكاء باستخدام اختبار القدرة الأولية لـ"فاروق عبد الفتاح" لمستوى (9-12) سنة المستوى الاقتصادي الاجتماعي الثقافي عن طريق تطبيق استمارة المستوى الاقتصادية والاجتماعي، والاقتصادي والثقافي لـ "سامية القطان".حيث قام الباحث بعد ذلك بتحديد مدرس معين لتدريس الوحدة الدراسية على الثلاث فصول بحيث يستخدم مع الفصل الأول الثواب، و الفصل الثاني العقاب، و الفصل الثالث بدون استخدام ثواب أو عقاب ويستغرق تدريس الوحدة أسبوعا كاملا (بواقع خمس حصص لكل فصل)، وبعد ذلك تم تطبيق الصور (ب) على نفس العينة ثم تصحيح الاختبار وتم استخدام حساب معاملات الالتواء لدرجات العينة من الذكاء والمستوى الاقتصادي والاجتماعي الثقافي، والاختبار التحصيلي القَبْلي و البَعْدي و تحليل التباين، تحليل التقارير.

توصلت هذه الدراسة إلى عدة نتائج كان من أهمها:

- عدم وجود فروق بين المجموعات الثلاثة في تحصيل الكسور الاعتيادية (المسائل العددية).

♦ توجد فروق في حالة المسائل اللفظية لصالح المجموعة التجريبية التي تأخذ ثواب.

دراسة "محمد هويدي و سعيد اليماني" (1995)

تهدف هذه الدراسة إلى دراسة المعززات الشائعة لدى تلاميذ المرحلة الابتدائية بدولة "البحرين". اختيرت العينة من منطقة حضرية بالمنامة وأخرى شبه حضرية حيث وقع الاختيار على عينة من مدرسة ابتدائية حكومية بالمنامة و أخرى للبنات في كل منطقة، وفي كل مدرسة يتم اختيار أحد الفصول من كل صف من الصفوف الأولى حيث بلغ عدد أفراد العينة ككل (293) تلميذًا (139 تلميذة، و 54 تلميذًا) متوسط أعمارهم 92.94شهراً بانحراف معياري قدره 12.06.

وتم تقديم قائمة المعززات على جميع التلاميذ في كل الفصول مع استبعاد التلاميذ غير البحرينيين، وهذه القائمة لها ثلاث صور لتلاميذ رياض الأطفال وحتى الصف الثالث الابتدائي حيث تضمنت كل قائمة 25 صورة تبدأ بها نفس فئات المعززات (الطعام - اللعب - الأعمال اليدوية - الموسيقي و الألعاب الرياضية- تقدير الذات - أنشطة ترفيهية أخرى - الحيوانات - العلاقات مع الآخرين) حيث يوجد أمام كل بند اختياران هما (أحب/ لا أحب) والتلميذ يضع علامة أسفل الاختبار المناسب و يتم التطبيق بصورة فردية لتلاميذ الصف الأول الابتدائي حيث يقرأ الباحث له، أما تلاميذ الصف الثاني والثالث فكان التطبيق جماعيا. الأسلوب الإحصائي المستخدم هو كا[2].

توصلت هذه الدراسة إلى عدة نتائج كان من أهمها:

♦ المعززات الاجتماعية والأنشطة الجماعية هما أكثر الأنواع شيوعاً في كل المجموعات الفرعية لعينة الدارسة من حيث الصف الدراسي أو النوع أو المنطقة السكنية في مقابل ذلك جاءت المعززات الغذائية والنشاط الفوري في المراتب الأخيرة.

♦ تبين أن فروقا دالة إحصائيًا بين المعززات جاء معظمها في معززات الأنشطة الفورية، وقد اتضح أن تلك الفروق تزداد بازدياد عمر التلميذ (الصف

الدراسي) وهذا يشير إلى أنه كلما زاد عمر التلميذ دعت الحاجة إلى ضرورة استخدام وسائل وطرق أكثر تفصيلًا مع الأكبر سنًا للتعرف على المعززات المحتملة لديهم.

***

الفصل الخامس
تشخيص صعوبات التعلم

الفصل الخامس

تشخيص صعوبات التعلم

في هذا الفصل سنحاول تشخيص صعوبات تعلم الرياضيات وهي من أهم المراحل في علاج هذه الصعوبات، وعملية التشخيص ليست عملية نظرية وإنما هي عملية تجريبية؛ ولذلك قام مؤلف هذا الكتاب بدراسة تجريبية لتشخيص صعوبات تعلم الرياضيات، وفيما يلي عرض مختصر لهذه الدراسة:

إجراءات الدراسة:

اختيار عينة الدراسة:

تم اختيار عينة الدراسة بطريقة عشوائية من تلاميذ الصف الأول الإعدادي بمدرسة بورسعيد الإعدادية بنين بمحافظة بورسعيد, وذلك بعد دراستهم لباب المجموعات بكتاب الجبر للصف الأول الإعدادي, خلال الفصل الدراسي الأول وقد اختير عشرة فصول بطريقة عشوائية من المدرسة سالفة الذكر بلغ عدد تلاميذها (423) تلميذًا.

تحديد عينة الدراسة (التلاميذ ذوي صعوبات التعلم)

تم تطبيق اختبار الذكاء الإعدادي "السيد خيري" على عينة الدراسة وذلك بعد شرح فكرة الاختبار ، كما تم تطبيق الاختبار التشخيصي . وعلى ذلك تحدد التلاميذ ذوي صعوبات التعلم طبقاً للمحكين التاليين:

- محك الاستبعاد : وذلك عن طريق استبعاد التلاميذ الذين تقل نسبة ذكائهم عن متوسط أداء المجموعة ككل وبلغ عددهم (72) تلميذاً مع استبعاد حالات الضعف الشديد في السمع ، أو البصر، أو أي إعاقات أخرى، وبلغ عددهم (3) تلاميذ.

◆ محك التباعد : وذلك عن طريق حساب التباعد بين التحصيل المتوقع كما يقيسه اختبار الذكاء، والتحصيل الفعلي كما يقيسه الاختبار التشخيصي، وذلك بعد تحويل درجات الاختبارين – الذكاء والتحصيل – لدرجات معيارية ليكون لها نفس المتوسط (صفر)ونفس الانحراف المعياري (واحد صحيح)، وقد تم اعتبار التلميذ الذي يحرز فرقاً بين الدرجات المعيارية للذكاء، والدرجة المعيارية للتحصيل أكبر من واحد صحيح من ذوي صعوبات التعلم في باب المجموعات وبذلك قد بلغ عدد التلاميذ ذوي صعوبات التعلم (150) تلميذاً.

ضبط التكافؤ:

اعتمدت الدراسة في ضبط التكافؤ بين مجموعات الدراسة على عدة عوامل تتمثل في (الذكاء، العمر، المستوى الاقتصادي ، الاجتماعي والتحصيل)، وفيما يلي عرض لكل عامل على حده:

الذكاء:

طبق اختبار الذكاء الإعدادي " للسيد خيري " على مجموعات الدراسة.

العمر:

نظراً لأن جميع تلاميذ مجموعات الدراسة من الصف الأول الإعدادي، خاصة مع خلو مجموعات الدراسة من أي تلميذ راسب، فإن ذلك يمثل تكافؤ بين المجموعات في متغير العمر.

المستوى الاقتصادي والاجتماعي:

اختيرت عينة الدراسة من مدرسة واحدة أي إنها تمثل بيئة اقتصادية واجتماعية واحدة، مما يعد مؤشراً على تكافؤ مجموعات الدراسة في المستوى الاقتصادي والاجتماعي.

التحصيل:

من خلال درجات التلاميذ في التطبيق القبلي للاختبار التشخيصي- الذي سوف نتناوله بالتفصيل في هذا الفصل.

تطبيق اختبار الذكاء الإعدادي

اختير اختبار الذكاء الإعدادي (إعداد/السيد محمد خيري) لتطبيقه على عينة الدراسة للأسباب التالية:

◆ بوصفه اختباراً غير لفظي لا يعتمد على كفاءة التلميذ في اللغة العربية، وبالتالي يمكن تطبيقه على تلاميذ العينة دون النظر إلى صعوباتهم في اللغة العربية حيث إن الهدف من استخدام هذا الاختبار هو التعرف على نسبة ذكاء التلاميذ، واستخدامه في التعرف على التلاميذ الذين يعانون من صعوبات في تعلم مادة الرياضيات لدى تلاميذ الصف الأول الإعدادي .

◆ يلائم الاختبار عينة الدراسة من حيث السن حيث يمكن تطبيقه من سن 10 – 17 سنة .

◆ يمكن تطبيقه فرديًا أو جماعيًا في الوقت نفسه .

◆ استخدم في العديد من الدراسات والأبحاث التي أجريت في البيئة المصرية وأدى إلى نتائج طيبة.

وفيما يلي عرض وصفي لهذا الاختبار:

(1) الهدف من الاختبار :

يقيس القدرة العقلية العامة لدى الطلاب في الأعمار من سن العاشرة حتى السابعة عشر من خلال ثلاثة أنواع من المواقف: مواقف لفظية، ومواقف عددية، ومواقف تتناول الأشكال المرسومة.

(2) فقرات الاختبار:

يتكون هذا الاختبار من (50) سؤالاً يتدرجون في الصعوبة، ويتضمنون عينات مختلفة من الوظائف الذهنية بعضها لفظى وبعضها عددى والبعض الآخر يتضمن إدراك العلاقة بين مجموعة من الأشكال وانتقاء الشكل من بين وحدات المجموعة.

(3) زمن الاختبار:

حدد "السيد خيري" ثلاثين دقيقة فقط للإجابة عن أسئلة الاختبار حيث إن الإجابة تعتمد على السرعة الفائقة في إدراك العلاقة بين أشكال كل مجموعة.

(4) ثبات الاختبار:

قام "السيد خيري" بحساب معامل ثبات الاختبار في صورته الأصلية بطريقتين مختلفتين: هما طريقة، إعادة التطبيق وطريقة التقسيم النصفي فكان معامل الارتباط بين نتائج التطبيقين على عينة من (514) تلميذاً (اختيروا عشوائيًا من العينة الكلية) 0.92 أما طريقة التقسيم النصفي فقد طبقت على العينة نفسها وعلى استجابتهم في التطبيق الأول واتخذ أسلوب الزوجي - الفردي في التقسيم وكان معامل الارتباط قبل التصحيح في هذه الطريقة 0.84 . ثم صُحِّحَ هذا العامل بمعادلة "سبيرمان - براون" فوصل إلى 0.91 ، والمعامل في الطريقتين يكاد يكون متطابقاً كما أنه مرتفع.

(5) صدق الاختبار :

تم حساب معامل صدق الاختبار بطريقتين مختلفتين، اختير (500) تلميذاً من العينة الكلية وطبق عليهم اختبار الذكاء الابتدائي - إعداد " إسماعيل القباني " - ثم حسب معامل الارتباط بين نتيجة هذا التطبيق ونتيجة تطبيق الاختبار على العينة نفسها فكان معامل الصدق بهذه الطريقة 0.65، أما الطريقة الثانية فتنحصر في أخذ آراء المدرسين عن ذكاء تلاميذهم وقد روعى أخذ آراء ثلاثة مدرسين مختلفين عن ذكاء كل تلميذ كما قدم لهم جميعاً تعريف الذكاء الذي يقيسه الاختبار على اعتبار أنه " القدرة على الفهم والتطبيق والاستنتاج دون اعتبار للقدرة على التحصيل أو القوة في مادة معينة"، ثم حساب متوسط التقديرات التي وضعت على ثلاث خطوات هي: أقل من المتوسط ، المتوسط ، فوق المتوسط.

وتم حساب متوسط التقديرات على أساس إعطاء درجة (1 -) لتقدير: أقل مـن المتوسط و(صفر) لتقدير: متوسط و (1+) لتقدير: فوق المتوسط، وبذلك أمكن تحويل التقدير الكيفي Qualitative إلى تقدير كمي Quantitative وقد

حسب معامل الارتباط بين درجات الاختبار ومتوسطات التقديرات فكان معامل الصدق بهذه الطريقة 0.504 وهو معامل كاف لمثل هذا النوع من معاملات الصدق.

الاختبار التشخيصي:

يهدف الاختبار الحالي إلى التعرف على صعوبات التعلم لدى تلاميذ الصف الأول الإعدادي في مادة الرياضيات في " باب المجموعات " وذلك بعد الانتهاء تماماً من دراسة هذا الباب في الفصل الدراسي العادي.

ويمكن التعبير عن خطوات بناء هذا الاختبار بشكل عام في ثلاث مراحل أساسية، يوضحه شكل تتابع العمليات Flow Chart التالي:

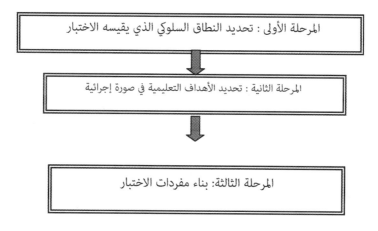

المرحلة الأولى : تحديد النطاق السلوكي الذي يقيسه الاختبار

المرحلة الثانية : تحديد الأهداف التعليمية في صورة إجرائية

المرحلة الثالثة: بناء مفردات الاختبار

شكل رقم (3)

مخطط لتتابع عمليات بناء الاختبار التشخيصي

وفيما يلي بيان لكل مرحلة من المراحل الثلاثة، التي يمر بها الاختبار محكي المرجع مع إيضاح الخطوات الأساسية لكل مرحلة، قبل الانتقال إلى المرحلة التي تليها.

المرحلة الأولى:

تحديد النطاق السلوكي الذي يقيسه الاختبار

يقصد بالنطاق السلوكي Behavioral Domain هنا، الوحدة الدراسية محل الدراسة، وقد تحدد الباب الأول " باب المجموعات " من كتاب الجبر للصف الأول الإعدادي، لكي يكون النطاق السلوكي محل الدراسة الراهنة.

وقد اختير " باب المجموعات " من كتاب الجبر للصف الأول الإعدادي لاعتبارات عديدة، منها:

◆ أن باب المجموعات تعد حجر الزاوية في الرياضيات الحديثة.

◆ أن باب المجموعات يمثل أساساً تعتمد عليه دراسة بقية الأبواب في الجبر والهندسة في الصفوف الثلاثة من الحلقة الثانية للتعليم الأساسي .

أن باب المجموعات يعد الأساس الرياضي الذي يعتمد عليه الطلاب في المرحلة الثانوية في دراسة الجبر وغيره من فروع الرياضيات.

وفي هذا الصدد تم إجراء خطوتين أساسيتين وهما:تحديد الأهداف العامة لباب المجموعات، وتحليل المحتوى.

(1) تحديد الأهداف العامة لباب المجموعات :

كما نعلم أن تحديد الخبرات أو المواقف التعليمية التي يحتويها أي منهج - لابد أن يرتبط بمجموعة من الأهداف التي نسعى إلى تحقيقها ، فالتربية عملية مخططة ومقصودة ، والأهداف حجر الزاوية في أي عملية تربوية؛ لأنها تمثل التغيرات التي يتوقع أن يحدثها المنهج في سلوك الطلاب .

وعلى هذا فإن التحديد الدقيق للأهداف التعليمية في صورة نتائج للتعلم - تفيد المعلم في إعداده وحدات تعليمية مناسبة لطلابه، واختبارات يستخدمها في تقويم (وائل فريد، 2002، ص 95).

وتم استخلاص الأهداف العامة لمادة الرياضيات المقررة على الصف الأول الإعدادي، والخاصة بباب المجموعات من الكتاب المدرسي المقرر مع الاستعانة

بدليل معلم الرياضيات لمرحلة التعليم الأساسي للصف الأول الإعدادي، وتم صياغة تلك الأهداف بصورة إجرائية.

ويمكن إيجاز هذه الأهداف كالتالي :

◆ إكساب التلميذ المهارة في استخدام أساليب التفكير العلمي واكتشاف العلاقات والاستنتاج، والتعميم، والتعلم الذاتي.

◆ تزويد التلميذ بقدر من ثقافة الرياضيات، يستفيد منها باعتباره مواطناً يعيش في عصر العلم والتكنولوجيا، وتكسبه القدرة على المشاركة في مظاهر النشاط الاجتماعي والاقتصادي في بيئته، ومجتمعه.

◆ تزويد التلميذ بالمفاهيم الأساسية، والمهارات اللازمة لمتابعة دراسته في الرياضيات وسائر العلوم الأخرى.

ومن الملاحظ أن هذه الأهداف تتسم بالعمومية، مما لا يساعد على وضع الأهداف الإجرائية الخاصة بالباب محل الدراسة وهى كما يلى :

الأهداف الخاصة بالباب محل الدراسة (باب المجموعات)

ينبغي في نهاية الباب أن يكون التلميذ قادراً على:

◆ تعريف المجموعات (أشياءً أو أعداداً) من حيث:

* المفهوم، أو المدلول، أو المكونات.

* العمليات عليها، وخواصها.

* ارتباطها بمجالات أخرى.

◆ إجراء العمليات على المجموعات من حيث:

* الاتحاد.

* التقاطع.

◆ فهم المجموعات (أشياءً أو أعداداً) ويستخدمها في مواقف حياتية.

◆ تمثيل المجموعات باستخدام أشكال فن .

◆ تصنيف الأشياء إلى مجموعات وفقاً لشروط معينة .

تحليل المحتوى:

" تحليل المحتوى هو أسلوب يهدف في المقام الأول إلى وصف المحتوى وصفاً موضوعيًا ومنهجيًا ، وكميًا ، وقد يركز تحليل المحتوى على المفاهيم الأساسية ، والمفهوم يعني: تحديد العناصر المشتركة بين عدة مواقف ، أو حقائق " (سعد عبد الرحمن ، 1998 ، ص 78).

ومن المعلوم أنه لا توجد قاعدة ثابتة في تحليل محتوى الباب الدراسي، فقد يؤخذ في الاعتبار عدد صفحات الكتاب التي تشغل موضوعاً معيناً ، ويستخدم هذا الأسلوب إذا كانت الموضوعات غير متداخلة إلى حد كبير. وقد تستخدم أحياناً المساحات التي يشغلها الموضوع الواحد.

و قد تم استخدام عناصر تحليل المحتوى الأساسية التالية:

(1) التحقق من صدق التحليل ، من خلال العرض على مجموعة من السادة المُحَكِّمين لإبداء الرأى في بنود التحليل من حيث:

أ- انتماؤها للعينة المحددة في كل موضوع.

ب- البنود التي يمكن إضافتها ، أو حذفها في كل فئة من فئات التحليل بالموضوعات المختلفة، و في ضوء هذا التحكيم تم وضع جداول التحليل في صورتها النهائية.

(2) التحقق من ثبات التحليل : حيث قام زميل آخر بالتحليل لذات الباب وتم حساب معامل الثبات من العلاقة .

$$\text{معامل الثبات} = \frac{2 \times \text{عدد الوحدات المتفق عليها}}{\text{مجموع وحدات الترميز}}$$

(حمدي عطيفة ، 1996 ، ص 397) .

وقد بلغ عدد الوحدات المتفق عليها 23 وحدة .

وعدد مجموع وحدات الترميز = 24 + 23 = 47

وبالتعويض في المعادلة التالية معامل الثبات = $\frac{23 \times 2}{47}$ = %97.8 %

وهى نسبة قابلة للثقة في ثبات التحليل.

(3) قد نتج عن التحليل ثلاثة وعشرون مفهوماً للباب محل الدراسة وضعت في قائمة في صورة بطاقة استطلاع رأى لعرضها على مجموعة من المُحَكِّمِين لإبداء الرأى حول سلامتها علمياً والاتفاق على تعريف لكل مفهوم وقد ضمت مجموعة من المعلمين والموجهين، ومدرسي الرياضيات بالمرحلة الإعدادية، وبناء على رأي المُحَكِّمِين تم تعديل بعض التعريفات ثم عرضت القائمة الجديدة على مجموعة أخرى من المُحَكِّمِين من أساتذة الجامعة المتخصصين في الرياضيات وطرائق تدريسها ومن الموجهين ومدرسي الرياضيات بالمرحلة الإعدادية وكانت المجموعة الأولى تختلف في أعضائها عن المجموعة الثانية، وذلك حتى يتحقق صدق المُحَكِّمِين حول تعريف كل مفهوم.

وبعد أن تم إقرار القائمة من قبل المُحَكِّمِين، تم الاتفاق على شمولية القائمة لموضوعات "باب المجموعات " وعلى وضوح تعريف كل مفهوم، أو مصطلح موجود بها وعلى مدى ملاءمتها لتلاميذ الصف الأول الإعدادي.

وفي ضوء تحليل المحتوى السابق وفي ضوء الأهداف العامة للرياضيات بالمرحلة الإعدادية والأهداف العامة لباب المجموعات ، فقد تم وضع قائمة بالأهداف الإجرائية الخاصة لكل مفهوم.

وبذلك تم الاتفاق على شمولية القائمة لموضوعات" باب المجموعات " وعلى وضوح تعريف كل مفهوم، أو مصطلح موجود بها وعلى ملاءمتها لتلاميذ الصف الأول الإعدادي.

المرحلة الثانية:

تحديد الأهداف التعليمية للمحتوى المراد قياسه في صورة إجرائية

الهدف الإجرائى أو السلوكي هو مقصد مصوغ في عبارة تصف تغييراً مقترحاً، يراد إحداثه في التلميذ أو هو عبارة توضح ما سوف يكون عليه سلوك التلميذ بعد تمام اكتسابه للخبرة التعليمية " (سعد الجبالى ، 2002 ، ص 37).

ويشير "جرونلند " Grounlund 1978 إلى أنه التعبير عن الهدف في عبارة أو عبارات توضح أنواع النتائج التعليمية ، المتوقع أن يحدثها التدريس ، فهي أفضل الطرائق وأكثرها فائدة في صياغة الأهداف التعليمية، وبذلك يكون من المهم أن توضح نوع الأداء والسلوك الذي نتوقع أن يقوم به التلميذ بنجاح، بعد الانتهاء من دراسة موضوع معين، أو مقرر تعليمي معين (وائل فريد،2002،ص99).

ويتضح من ذلك أن الاختبارات المحكية المرجع تبنى على أساس عينة من سلوك التلميذ ومن الأهمية أن يكون السلوك الذي تقيسه عناصر الاختبار مناسباً وممثلاً للهدف التعليمي في الوقت نفسه وعلى هذا يجب تصنيف النتائج التعليمية المتوقعة، بعد الانتهاء تماماً من تدريس الباب محل الدراسة.

وفي ضوء الأهداف العامة لمادة الرياضيات للمرحلة الإعدادية، والأهداف الخاصة بالباب، فقد تم اشتقاق الأهداف التعليمية الخاصة بكل مفهوم في صورة سلوكية وقد بلغت (18) هدفاً إجرائيًا لباب المجموعات من كتاب الجبر للصف الأول الإعدادي.

* * *

جدول رقم (1)

الأهداف الإجرائية لوحدة المجموعات من كتاب الجبر

للصف الأول الإعدادي

◆ في نهاية كل درس ينبغي أن يتمكن التلميذ من:

1	أن يحدد التلميذ التعبير الدال على مجموعة (منتهية أو غير منتهية).
2	أن ينتقي التلميذ المتغير الدال على مجموعة مكتوبة بطريقة السرد (القائمة) من بين عدة متغيرات.
3	أن يميز التلميذ المتغير الدال على مجموعة مكتوبة بطريقة الصفة المميزة من بين عدة متغيرات.
4	أن يختار التلميذ المتغير الصحيح لمصطلح رياضي بوحدة المجموعات من بين عدة تعريفات لهذا المصطلح.
5	أن ينتقي التلميذ شكل المعبر عن مجموعة أو أكثر، مكتوبة بطريقة السرد.
6	أن يحدد التلميذ العناصر التي تنتمي لمجموعة معينة داخل شكل ثم من بين مجموعات.
7	أن يستخدم التلميذ أحد الرموز (∋، ⊅، ⊃، ∌، =، ≠) للتعبير عن علاقة عنصر بمجموعة أو علاقة مجموعة بأخرى.
8	أن يستدل التلميذ على المجموعة الخالية من بين عدة مجموعات مكتوبة بطريقة السرد أو الصفة المميزة.
9	أن يستنتج التلميذ العنصر الناقص من إحدى مجموعتين متساويتين.
10	أن يميز التلميذ المجموعات الجزئية الفعلية المشتقة من مجموعة محددة، من بين عدة مجموعات.
11	أن يشتق التلميذ المجموعات الجزئية غير الفعلية من مجموعة محددة معطاة.

تابع: الأهداف الإجرائية لوحدة المجموعات من كتاب الجبر للصف الأول الإعدادي

12	أن يحدد التلميذ كل المجموعات الجزئية المشتقة من مجموعة محددة، من بين عدة مجموعات.
13	أن يستدل التلميذ مجموعة التقاطع لمجموعتين أو أكثر من بين عدة مجموعات.
14	أن يستدل التلميذ على مجموعة الاتحاد لمجموعتين أو أكثر من بين عدة مجموعات.
15	أن يعين التلميذ شكل فن المناسب لمجموعات متقاطعة فن بين عدة أشكال.
16	أن يعين التلميذ شكل فن المناسب المعبر عن علاقة اتحاد بين مجموعتين أو أكثر من بين عدة أشكال.
17	أن يعين التلميذ المجموعة المكملة لمجموعة أو أكثر من بين عدة مجموعات.
18	أن يحدد التلميذ مجموعة الفرق بين مجموعتين.

جدول رقم (2)

توزيع الأهداف طبقاً لمستويات بلوم

المستوى	أرقام الأهداف طبقاً لترتيبها بالقائمة
تَذَكُّر	4
فهم	1، 2، 3، 5، 6، 9
تطبيق	7، 8، 10، 11، 12، 13، 14، 15، 16، 17، 18

المرحلة الثالثة:

بناء مفردات الاختبار:

قد روعي بناء أكثر من مفردة لكل هدف من الأهداف الإجرائية بحيث تشمل هذه المفردات جميع محتويات الباب موضع الدراسة بقدر الإمكان مع تدرج سهولة وصعوبة المفردات تبعاً لطبيعة الأهداف التي تتبعها من حيث (التذكر – الفهم – التطبيق) , وفيما يلي الخطوات التي أتبعت لبناء مفردات الاختبار .

مصادر مفردات الاختبار:

◆ الكتاب المدرسي في الجبر للصف الأول الإعدادي حيث تم تحديد الأسئلة المألوفة للتلميذ ، وذلك لعدم تكرارها عند صياغة مفردات الاختبار .

◆ بعض الكتب الخارجية في الرياضيات ، الخاصة بالصف الأول الإعدادي.

◆ كتب مناهج وطرق تدريس الرياضيات .

صياغة مفردات الاختبار:

تعددت صور وطرائق تقديم الاختبارات المستخدمة في عملية التقويم وتصنيف التلاميذ فمنها الاختبارات التقليدية ، والاختبارات الموضوعية بأشكالها المختلفة مثل :

◆ الاختيار من متعدد .

◆ أسئلة المزاوجة .

◆ أسئلة الإكمال .

◆ أسئلة الصواب والخطأ.

وقد تم اختيار أسئلة الاختيار من متعدد لصياغة مفردات الاختبار، حيث إنها أكثر الأنواع شيوعاً، وتقيس بكفاءة نتائج التعلم.

ويشير فؤاد البهى السيد إلى أن هذا النوع من الاختبارات يشترط في بنائه أن يحتوي على إجابة صحيحة واحدة ، حتى تصبح عملية التصحيح سهلة سريعة دقيقة ، وأن تحتوى تلك الإجابات على إجابة قريبة من الصحيحة ، ولكنها ليست

صحيحة حتى يصبح تمييز السؤال للمستويات العليا من القدرة قوياً واضحاً ، ويجب أن يخضع ترتيب الإجابات الصحيحة في الأسئلة المتعاقبة للتوزيع العشوائي، حتى لا يكتشف المختبر أي فكرة عن الترتيب المنظم للإجابات الصحيح (محمود إبراهيم ، 1990 ، ص 124).

وتم تفضيل هذا النوع من المفردات لعدة اعتبارات منها :

- أن اختيار الإجابة الصحيحة لا يعتمد على تَذَكُّر التلميذ للمعلومات الصحيحة بل تتناول عمليات أعلى من ذلك.
- يمكن استخدامه في قياس أغراض متعددة .
- يتميز بمعدلات صدق وثبات عالية .
- يتميز بموضوعية التصحيح ، والبعد عن ذاتية التصحيح.
- يمكن تصحيحه بسهولة، وبسرعة.
- يقلل من احتمالات التخمين، باستخدام عدد مناسب من البدائل.

ومما تقدم قد تم اختيار أسئلة الاختيار من متعدد بأربعة بدائل لكل مفردة من مفردات الاختبار، ولقد تمت صياغة مفردات الاختبار، مع مراعاة الأتي:

- أن تتكون مقدمة كل مفردة من سؤال واحد واضح تماماً.
- أن يكون عدد بدائل الإجابة عن كل الأسئلة أربعة بدائل، على أن تكون بينها إجابة صحيحة واحدة فقط والثلاث الأخرى خطأ.
- تجنب كتابة الإجابات بأسلوب يوحي بالإجابة الصحيحة.
- توزع الإجابات على مفردات الاختبار عشوائياً.

ولضمان سهولة وسرعة عملية التصحيح أعدت ورقة إجابة منفصلة عن كراسة الأسئلة، وسوف تتم الإشارة إلى كيفية استخدامها في تعليمات الاختبار.

إعداد مفردات الاختبار:

تم إعداد مفردات الاختبار في ضوء ما أشار إليه كل من "بابام"، و"اسحق حنا"، و"صلاح علام"، و"نادية شريف"، و"محمود إبراهيم" حول طول الاختبار، وعدد الأسئلة الخاصة بكل هدف (وائل فريد 2002 ص103) .

تم إعداد مفردات الاختبار والتي يقدر عددها بـ "100" مفردة موزعة كما هو موضح بالجدول التالي:

جدول رقم (3)

توزيع المفردات على الأهداف في الاختبار

التشخيصي

عدد المفردات	الهدف	عدد المفردات	الهدف
5	10	6	1
5	11	5	2
5	12	5	3
5	13	13	4
5	14	5	5
5	15	5	6
5	16	6	7
5	17	5	8
5	18	5	9

وقد روعي أن يكون عدد مفردات الاختبار على كل هدف (5) مفردات, عدا الهدف الأول والرابع والسابع، وذلك بسبب طبيعة تلك الأهداف وما تفرضه من عـدد المفـردات، وكـذلك مراعاة التالي:

◆ مدى الصحة العلمية واللغوية لمفردات الاختبار.

♦ مدى شمولية أسئلة الاختبار للأهداف السلوكية .

♦ مدى مناسبة الدلالات اللفظية لتلاميذ الصف الأول الإعدادي.

♦ تدرج الأسئلة من السهل إلى الصعب.

تقدير صدق محتوى الاختبار:

الشكل التخطيطي الأتي يوضح خطوات حساب صدق محتوى الاختبار.

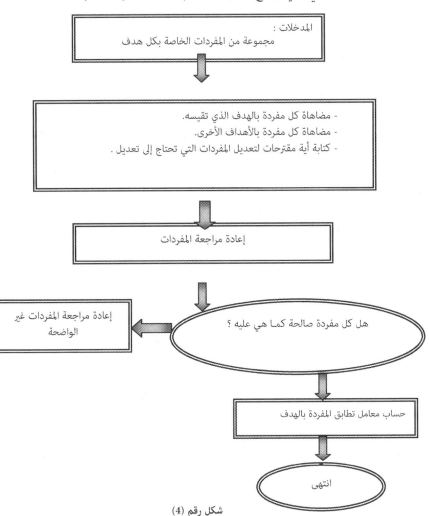

شكل رقم (4)
الخطوات المتبعة لحساب صدق محتوى الاختبار

ويلاحظ من اتباع هذه الخطوات أنه قد تحقق مـن صـدق المحتوى لمفردات الاختبار وذلك بالاستعانة بمجموعة من المُحَكِّمين من أساتذة طرق تـدريس الرياضيات وبعـض مـدرسي الرياضيات وموجهي الرياضيات في صورة استطلاع رأى، وقد قام كل منهم بمضاهاة كـل مفردة من مفردات الاختبار بالهدف الذي تقيسه، وبالأهداف الأخرى، وقد طلب من كل محكم أن:

◆ يضع المحكم رقم (1+) أمام المفردة إذا كان متأكداً أن المفردة تقيس الهدف المعدة له.

◆ يضع المحكم رقم (1 -) أمام المفردة إذا كان متأكداً أن المفردة لا تقيس الهدف المعدة له.

◆ يضع المحكم (صفر) أمام المفردة إذا كان غير متأكد أنها تقيس الهدف المعدة له.

ولحساب صدق مفردات الاختبار من خلال نتائج المحكمين الذين قاموا بمضاهاة المفردات بالأهداف ، وذلك باستخدام معامل تطابق المفردة بالهدف Objective Congruence Item في الاختبارات المرجعية إلى المحك .

تم جمع تقديرات المحكمين في استمارة أعدة لكل مفردة ، وتم استخدام صيغة معامل تطابق المفردة التي اقترحها " روفينيلى " Rovinnelli " وهامبلتون " Hambleton :

و الجدول التالي يعرض نتائج تقدير المحكمين الذين قاموا بمضاهاة المفردة الأولى بالهـدف الأول طبقاً لترتيب الأهداف في قائمة الأهداف:

جدول رقم (4)

نتائج تقدير المحكمين بمضاهاة المفردة الأولى بالهدف الأول

المجموع	7	6	5	4	3	2	1	المحكم / الهدف
7	+1	+1	+1	+1	+1	+1	+1	1
- 7	- 1	- 1	- 1	- 1	- 1	- 1	- 1	2
- 7	- 1	- 1	- 1	- 1	- 1	- 1	- 1	3
- 7	- 1	- 1	- 1	- 1	- 1	- 1	- 1	4
- 7	- 1	- 1	- 1	- 1	- 1	- 1	- 1	5
- 7	- 1	- 1	- 1	- 1	- 1	- 1	- 1	6
- 7	- 1	- 1	- 1	- 1	- 1	- 1	- 1	7
- 7	- 1	- 1	- 1	- 1	- 1	- 1	- 1	8
- 7	- 1	- 1	- 1	- 1	- 1	- 1	- 1	9
- 7	- 1	- 1	- 1	- 1	- 1	- 1	- 1	10
- 7	- 1	- 1	- 1	- 1	- 1	- 1	- 1	11
- 7	- 1	- 1	- 1	- 1	- 1	- 1	- 1	12
- 7	- 1	- 1	- 1	- 1	- 1	- 1	- 1	13
- 7	- 1	- 1	- 1	- 1	- 1	- 1	- 1	14
- 7	- 1	- 1	- 1	- 1	- 1	- 1	- 1	15
- 7	- 1	- 1	- 1	- 1	- 1	- 1	- 1	16
- 7	- 1	- 1	- 1	- 1	- 1	- 1	- 1	17
- 7	- 1	- 1	- 1	- 1	- 1	- 1	- 1	18
- 112	- 16	- 16	- 16	- 16	- 16	- 16	- 16	المجموع

فبتطبيق المعادلة السابقة (معادلة روفينيلى ، هاملتون) على البيانات الموضحة بالجدول السابق نجد أن :

معامل تطابق المفردة بالهدف الذي تقيسه هو +1 أي إن معامل التطابق تام وهذا المعامل يعد المحك الذي تُحكِّم في ضوئه على صدق محتوى المفردة من نتائج تقديرات المحكمين وقد تم تكوين جدولاً شبيهاً بذلك الجدول لكل مفردة في الاختبار، ووجد أن معامل التطابق لكل مفردات الاختبار (100 مفردة) واحد صحيح وهذا يدل على صدق جميع مفردات الاختبار وصدق محتوى الاختبار وبناء على ذلك وضعت أسئلة الاختبار، وتم تقسيم الاختبار إلى جزئين وذلك لضمان سهولة تطبيقه على التلاميذ.

وبذلك أصبح الاختبار معداً وصالحاً للتطبيق على تلاميذ الصف الأول الإعدادي.

تقدير ثبات الاختبار :

يدل ثبات الاختبار على مدى خلوه من أخطاء القياس، كما يقصد به أن يعطي الاختبار نفس النتائج تقريباً إذا أعيد تطبيقه على نفس أفراد المجموعة (سعد عبد الرحمن، 1998، ص 184).

أما الثبات في الاختبارات محكية المرجع، فيشار إليه بالاتساق (التوافق) في الأداء أو الاستقرار الذي نقيس به جانباً معيناً من السلوك، وقد أوضح "بيجز" و"لويس" Beggs & Lewis (1975) أن الثبات الذي نبحث عنه في الاختبارات المرجعة إلى المحك هو ثبات الاستجابة الصحيحة في جميع المظاهر المتكررة للمفردة.

والثبات الذي نبحث عنه يرتبط فقط بما إذا كان الفرد الذي استجاب بطريقة صحيحة مرة يمكنه أن يستجيب بطريقة صحيحة مرة ثانية ويستجيب بطريقة صحيحة كل مرة عندما يستجيب للاختبار (محمود إبراهيم ، 1990 ، ص 131).

وهناك طرائق خاصة لحساب معامل الثبات في الاختبارات محكية المرجع منها:

◆ طرائق حساب معامل الثبات في حالة إعادة الاختبار أو في حالة استخدام صورتين متكافئتين مثل طريقة سوامينثان – هامبلتون – الجينا وطريقة كيتس ولورد.

◆ طرائق حساب معامل الثبات في حالة تطبيق الاختبار مرة واحدة مثل طريقة ليفنجستون ، طريقة كيتس ولورد ، وطريقة صبكوفياك.

طريقة ليفنجستون :

تعد أحد طرائق حساب معامل الثبات للاختبارات محكية المرجع في حالة تطبيق الاختبار مرة واحدة وقد استخدمت في هذه الدراسة ؛ لأنها تعد من أفضل الطرق بالنسبة لطول الاختبار، وحجم العينة ، ودرجة القطع 70 % .

والمعادلة التي اقترحها ليفنجستون لتحديد معامل الثبات يمكن كتابتها حسب الصورة التالية :

$$ ك = \frac{ ر_{21} \, ع^2 + (س - د)^2 }{ ع^2 + (س - د)^2 } $$

حيث إن:

ك   : ترمز لمعامل ثبات الاختبار محكي المرجع

ر$_{21}$: معامل كيودر – ريتشاردسون 21 ، (أو أي معامل ثبات عادي)

ع^2 : التباين

س   : المتوسط الحسابي للدرجات

د   : درجة القطع (محمود إبراهيم، 1990، ص 138).

وقد طبقت هذه الطريقة لحساب معامل ثبات الاختبار محكي المرجع في الرياضيات للصف الأول الإعدادي وقد تم حساب معامل الثبات فكان (0.91) وهو معامل ثبات عال ويمكن الوثوق به.

حساب زمن الاختبار

يشير " فؤاد البهي " 1979 ، أن درجات الاختبارات تتأثر تأثيراً مباشراً بزمن الإجابة ، ولذا تم حساب عدد الأسئلة التي يجيب عليها في زمن محدد (فؤاد البهي السيد، 1979، ص 548).

وباستخدام المعادلة التالية، تم حساب زمن كل من جزئي الاختبار:

$$\text{ز}_2 = \frac{\text{م}_2}{\text{م}_1} \times \text{ز}_1$$

حيث إن:

ز_2 تدل على الزمن المناسب للاختبار .

ز_1 تدل على الزمن التجريبي للاختبار .

م_1 تدل على المتوسط المرتقب للاختبار .

م_1 تدل على المتوسط التجريبي للدرجات (وجيه عبد الغني، 1992، ص 121).

إعداد تعليمات الاختبار ونموذج ورقة الإجابة:

يعتبر وضوح تعليمات الاختبار من العوامل الأساسية لتسهيل عملية تطبيق الاختبار، وقد روعي في كتابة التعليمات أن تكون موجزة ومحددة، وأن تتناول ما يلي:

- هدف الاختبار .
- عدد أسئلة الاختبار .
- طريقة استخدام ورقة الإجابة، ووضع علامة واحدة فقط أمام كل سؤال.
- تسجيل الإجابات في ورقة الإجابة فقط ، دون كراسة الأسئلة .

◆ التأكد من الإجابة عن كل الأسئلة.

◆ بدء الإجابة في الوقت المخصص لذلك .

ولضمان سهولة تصحيح الاختبار، وسرعته، تم إعداد ورقة إجابة منفصلة عن كراسة الأسئلة، وتكونت ورقة الإجابة من تجمعات Blocks ؛ لتسهيل الإجابة على الطلاب.

إعداد نموذج تصحيح الاختبار وتقدير الدرجات:

تم إعداد نموذج إجابة عن أسئلة الاختبار - لاستخدامه في تصحيح الاختبار بحيث يتم إعطاء الطالب درجة واحدة على كل إجابة صحيحة - وصفر لكل إجابة خاطئة.

تحديد مستوى الأداء المقبول " درجة القطع " Cut Score:

لتحديد مستوى الأداء المقبول (درجة القطع) في هذا الاختبار أعتمد على آراء السادة المحكمين في مادة الرياضيات وخاصة السادة المعلمين القائمين بتدريس المنهج والموجهين أيضاً، وقد تم عرض الاختبار في صورته النهائية على مجموعة من المحكمين بهدف تحديد مستوى الأداء المقبول على هذا الاختبار حتى يمكن تفسير درجة كل تلميذ ، واتخاذ قرار بالنسبة لأداء التلاميذ من حيث كونهم متقنين ، أم غير متقنين في الأداء على الاختبار التشخيصى المرجع إلى المحك ، اتفقت معظم آراء المحكمين على اعتبار الدرجة 70 % كمستوى أداء جيد واتفقت أيضاً الدراسات السابقة مثل دراسة عماد عبد المسيح (1982) ، دراسة أحمد الرفاعى غنيم (1984)، دراسة محمد الدسوقى (1985) ، دراسة محمود محمد إبراهيم (1990)، دراسة وجيه عبد الغنى (1992) ، دراسة محمد فتح الله (1995) .وبذلك نكون قد تمكنا من تحديد مستوى الأداء المقبول للإتقان (الدرجة الفاصلة) وهو   70 %.

تطبيق الاختبار:

تم تطبيق الاختبار على مجموعات الدراسة بعد دراستهم لباب المجموعات وفق الخطة المدرسية، وقد روعي عند تطبيق الاختبار القيام بالإجراءات والاحتياطات التي تساعد على نجاح عملية التطبيق، ويمكن إجمال هذه الإجراءات فيما يلي:

- التأكـد مـن انتهـاء مـدرسـي الرياضيات للصـف الأول الإعـدادي مـن تـدريس بـاب المجموعات.

- طبق الاختبار دون مساعدة أحد حتى تتوحد التعليمات الشفوية مع القيام بشرح بعض الأمثلة للتلاميذ.

- طبق الاختبار بعد الانتهاء من اليوم الدراسي وذلك بعد موافقة إدارة المدرسة.

- تم التنبيه على التلاميذ قبل تطبيق الاختبار بأسبوع حتى يتم مراجعة الباب.

- طبق الاختبار بعد أربعة أيام من الاختبار الشهري لمادة الرياضيات.

- تم شرح الغرض من تطبيق الاختبار.

- تم تطبيق الاختبار في ظروف متكافئة من حيث زمن تطبيق الاختبار، وبالنسبة لـزمن الانتهاء من دراسة الباب.

- إخبار التلاميذ بالتعليمات الخاصة بالاختبار قبل الإجابة عليه .

- طبق الاختبار لكل فصل في يوم واحد، وزمن الاختبار ينتهي بتسليم آخر تلميذ لورقة إجابته.

- التأكد من عدم وجود أي علامات على كراسة الأسئلة وإذا وجدت يتم إزالتها حتى لا يتأثر بها أفراد العينة التالية.

تصحيح الإجابات ورصد الدرجات :

بعد الانتهاء من تطبيق الاختبار على عينة الدراسة تم تصحيح أوراق الإجابة كما يلي:

- فحصت أوراق الإجابة لاستبعاد الأوراق التي تحمل أكثر من علامة وكذلك أوراق التلاميذ الذين أجابوا في دقائق قليلة جداً مما يشير إلى عدم الجدية.

- استخدام مفتاح التصحيح الذي تم وضعه مسبقاً لسهولة التصحيح.

- تم حساب الدرجات لأسئلة الاختبار طبقاً للنظام التالي:

- إعطاء الدرجة (1) لكل إجابة صحيحة.

- إعطاء الدرجة (صفر) لكل إجابة خاطئة.

وبذلك تصبح أعلى درجة في الاختبار (100) درجة.

- صححت درجات كل تلميذ من تلاميذ العينة في كل جزء من جزئي الاختبار.
- وبعد جدولت البيانات ودرجات الاختبار أصبحت معدة للمعالجة الإحصائية وللتفسير.

وبعد الانتهاء من تطبيق الاختبار التشخيصي يمكننا تحديد صعوبات تعلم الرياضيات لكل تلميذ على حدة وذلك لأي مفهوم، وكذلك تحديد الصعوبة في أي مستوى من مستويات بلوم المعرفية.

***

الفصل السادس
برنامج باستخدام الحاسب الآلي للتغلب
على صعوبات
تعلم الرياضيات باستخدام التعزيز

الفصل السادس

برنامج باستخدام الحاسب الآلي للتغلب على صعوبات تعلم الرياضيات باستخدام التعزيز

إعداد البرنامج:

تشكل البنية المعرفية عاملاً رئيسياً في تحديد معني المادة التعليمية الجديدة وتسهيل عملية إكسابها للمتعلم والاحتفاظ بها، فالبيئة المعرفية تمثل مجموعات الخبرات والعوامل المرتبطة والتي تشكل نسيجاً متميزاً له خصائصه المنفردة والتي تختلف من فرد لآخر غير أن ذلك كله يتوقف بالدرجة الأولى على أسلوب تقديم المادة العلمية التي تلعب دوراً في الفهم ووضوح المعني لدى المتعلم.

و فيما يلي الخطوات التي اتبعت في بناء البرنامج:

الخطوة الأولى: تخطيط البرنامج . وتتضمن:

(1) الأفكار الأساسية التي تكمن وراء تصميم البرنامج.

(2) المسلمات التي يقوم عليها البرنامج.

(3) أسس بناء البرنامج.

الخطوة الثانية: تحديد الخطوات الإجرائية لبناء البرنامج.

وتتمثل في الخطوات التالية:

(1) تحديد الهدف العام للبرنامج.

(2) تحديد الأهداف الإجرائية للبرنامج.

(3) إعداد محتوى البرنامج.

(4) وصف البرنامج.

(5) ملاحظات عامة على البرنامج.

(6) الوسائل التعليمية.

(7) الأنشطة التعليمية.

الخطوة الثالثة: الجلسات التعليمية.

و فيما يلي عرض مفصَّل لما أتبعته الدراسة الحالية في إعداد البرنامج:

الخطوة الأولى: تخطيط البرنامج:

(1) الأفكار الأساسية التي تكمن وراء تصميم البرنامج:

في هذه المرحلة نهتم قبل تصميم البرنامج بتحديد بعض الأفكار الأساسية التي سوف يستند إليها في تحديد الإطار العام للبرنامج، ويلزم ذلك ضرورة توافر بعض الأسس العامة بناءً على هذه الأفكار، وتتصل هذه الأفكار في:

◆ مراعاة خصائص المرحلة العمرية لعينة الدراسة.

◆ استخدام أنواع تعزيز مختلفة.

(2) المسلمات التي يقوم عليها البرنامج:

يستند البرنامج المقترح للتغلب على صعوبات تعلم باب المجموعات للصف الأول الإعدادي إلى عدد من المسلمات هي:

◆ يتشابه التلاميذ في وجود الصعوبة، ويختلفون في درجاتها.

◆ يرتبط التغلب على صعوبات التعلم بتقديم نوع مناسب من التعزيز.

(3) أسس بناء البرنامج:

في ضوء البرامج الخاصة بصعوبات التعلم وتعلم المفاهيم بصفة خاصة والمسلمات التي يقوم عليها البرنامج المقترح تحددت أسس بناء هذا البرنامج فيما يلي:

◆ توفير خبرات التعلم / التعليم المرتبط بتحقيق الأهداف الخاصة بكل مفهوم.

◆ التركيز على دور كل من المعلم و المتعلم في عملية التعلم.

◆ استخدام أنواع مختلفة من التعزيز تناسب البرنامج المقترح.

◆ توفير فترات الراحة بشكل متكرر.

◆ استمرار التقويم و يتضمن ذلك ما يلي:

* يمثل التطبيق القبلي للاختبار التشخيصي، أداة للتقويم التمهيدي Initial Evaluation لتحديد مدى معرفة التلميذ لمحتوي باب المجموعات، وتحديد مدى الصعوبة التي يواجهها التلميذ لهذا الباب بعد دراسته داخل الفصل الدراسي وفق الجدول المدرسي.

* تميل الاختبارات في نهاية الجلسات، أداة للتقويم البنائي Evaluation Formative لتحديد مدى تقدم التلميذ في تحقيق الأهداف المقصودة.

* يمثل التطبيق البعدي الاختبار التشخيصي، أداة للتقويم التجميعي Summative Evaluation لتحديد مدى تمكن التلميذ من باب المجموعات في ضوء مستوى الإتقان المحدد، بعد المعالجة باستخدام البرنامج.

الخطوة الثانية: الخطوات الإجرائية لبناء البرنامج:

و تتمثل في الخطوات التالية:

(1) تحديد الهدف العام للبرنامج:

تم تحديد الهدف العام للبرنامج وهو" التغلب على صعوبات تعلم باب المجموعات من كتاب الجبر لدى تلاميذ الصف الأول الإعدادي، والتي تم تشخيصها من خلال الاختبار التشخيصي الذي تم أعداده لتلك الصعوبات".

(2) تحديد الأهداف الإجرائية للبرنامج:

نظراً لأن البرنامج الحالي يهدف إلى علاج صعوبات التعلم كما حددها الاختبار التشخيصي فإن الأهداف الإجرائية التي يقيسها الاختبار التشخيصي هي محل اهتمام البرنامج العلاجي.

(3) إعداد محتوى البرنامج:

و في هذه المرحلة تم تحديد (16) مفهوماً تشمل باب المجموعات مع

ملاحظة أنه أثناء تحليل المحتوى نتج (23) مفهوماً فتم دمج بعض المفاهيم وذلك لسهولة عملية التدريس، و كانت هذه المفاهيم كما هي موضحة بالجدول التالي:

جدول رقم (5)

المفاهيم المتضمنة في البرنامج العلاجي

م	المـفـهـوم
1	المجموعة
2	عناصر المجموعة
3	طريقة السرد (القائمة)
4	طريقة الصفة المميزة
5	الانتماء
6	عدم الانتماء
7	أنواع المجموعات (منتهية – غير منتهية – خالية)
8	أشكال فن
9	تساوى المجموعات
10	المجموعة الجزئية (الاحتواء)
11	المجموعة الجزئية (الفعلية – غير الفعلية)
12	التقاطع
13	الاتحاد
14	المجموعة الشاملة
15	المكملة
16	الفرق

وبعد تقسيم باب المجموعات إلى المفاهيم السابقة، أصبحت جاهزة للغرض المعدة له وهو البرنامج العلاجي للتغلب على بعض صعوبات التعلم في باب المجموعات وذلك باستخدام التعزيز، وهنا ظهرت مشكلة وهي كيفية تقديم التعزيز؟ هل هو عن طريق التدريس في الفصل العادي ؟! وهذا يعني أن التعزيز يكون جماعيًا ولا يصل لكل تلميذ على حدة وكذلك صعوبة ضبطه وقياسه، فمثلاً

إذا كان هناك عشرة تلاميذ عندهم صعوبة ما في التعلم وأراد المعلم أن يعزز أحد هؤلاء التلاميذ عند إجابته على أحد الأسئلة بطريقة صحيحة، فإن هذا التعزيز قد ينتقل إلى بقية التلاميذ وكذلك فإن المعلم هنا قام بضبط وقياس تعزيز واحد دون بقية التلاميذ، ومن هنا تم استخدام الحاسب الآلي للتغلب على هذه المشكلة ولضمان ضبط و قياس تعزيز كل تلميذ على حده.

(4) وصف البرنامج:

♦ صممت أسطوانة للبرنامج العلاجي و كان أبرز ما فيها ما يلي:

* تمت مراعاة إمكانات التلاميذ المختلفة في استخدام الحاسب الآلي فقد صممت الأسطوانة بحيث تكون تشغيل آلي Auto Run .

* الشاشة الرئيسية بها المفاهيم المتضمنة بباب المجموعات.

* يمكن للتلميذ أن يبدأ بأول مفهوم أو أي مفهوم آخر.

* يظهر بأول الشاشة بعد اسم المفهوم، تعريف هذا المفهوم مع استخدام الصوت في قراءة التعريف.

* يعطي بعد ذلك أمثلة متنوعة لهذا المفهوم مع الإجابة عليها باستخدام الصوت أيضاً.

* يمكن للتلميذ الرجوع للمثال السابق و التالي وذلك باستخدام "الفارة".

♦ بعد الانتهاء من إعطاء الأمثلة تظهر شاشة بها الأعداد من (1) إلى (4) ويطلب من التلميذ الضغط على أحد هذه الأعداد فإذا ضغط التلميذ على العدد (1) وهي مجموعة التعزيز بالعملات الرمزية الفورية تظهر شاشة بها التعليمات التالية:

* عزيزي التلميذ أمامك عشرة أسئلة إذا أجبت على سبعة منهم على الأقل سوف تحصل على إحدى الجوائز الموجودة أمامك على الشاشة، و يظهر على الشاشة بعض المعززات مثل: (مثلث ، فرجار، علبة ألوان، مسطرة، آيس كريم).

- و إذا ضغط التلميذ على العـدد (2) وهـي مجموعـة التعزيـز بـالعملات الرمزيـة مرجـأ تظهر شاشة بها نفس التعليمات في مجموعة التعزيز بالعملات الرمزية الفورية.
- و إذا ضغط التلميذ على العدد (3) وهي مجموعة التعزيز اللفظي الفوري تظهر شاشـة بها التعليمات التالية:

* عزيزي التلميذ أجب عن الأسئلة التالية:

- و إذا ضغط التلميذ على العدد (4) وهي مجموعة التعزيز اللفظي مرجـأ تظهـر شاشـة بها نفس التعليمات في مجموعة التعزيز اللفظي الفوري.
- بعد ذلك وفي الأربع مجموعات تظهر شاشات بها عشرة أسئلة بعـد كـل مفهـوم وذلـك بدون صوت.
- كل الأسئلة اختيار من متعدد - أربع بدائل- (أ، ب، ج، د).

و فيما يلي عرض لأنواع التعزيز المتضمنة في البرنامج:

أ- تعزيز العملات الرمزية الفوري:

عند ظهور الأسئلة توجد في كل شاشة بالأسئلة شجرة تفاح مثمرة و تحتها سلة، فمثلاً عند الإجابة على السؤال الأول، وكانت إجابة السؤال صحيحة تسقط تفاحة من الشجرة في السلة، وتكتب الدرجة (1) ، وإذا كانت الإجابة خطأ تسقط تفاحة من الشجرة و لكنها تسقط على الأرض وتكتب الدرجة (صفر)، وهكذا إلى أن تنتهي العشرة أسئلة، فإذا حصل التلميذ على (7) درجات فأكثر فتظهر شاشة بها المعززات التي قد سبق ذكرها، و يكتب بها ما يلي:

* عزيزي التلميذ اختر إحدى هذه الجوائز المجودة أمامك عـلى الشاشـة، أمـا إذا حصـل التلميذ على أقل من (7) درجات تظهر شاشة مكتوب عليها، انتقل إلى الدرس التالي.

ب- تعزيز العملات الرمزية المرجأ:

يحدث كما حدث بالنسبة للعملات الرمزية الفورية، فيما عدا الإجابات فعند

إجابة التلميذ على الأسئلة لا تحدث أية استجابة إلا بعد الانتهاء من جميع الأسئلة، فإذا حصل التلميذ على (7) درجات فأكثر فتسقط التفاحات في السلة للإجابات الصحيحة و على الأرض للإجابات الخطأ، وذلك حسب ترتيب الأسئلة و تظهر شاشة بها المعززات سالفة الذكر و يكتب بها:

* عزيزي التلميذ اختر إحدى الجوائز الموجودة أمامك على الشاشة، أما إذا حصل التلميذ على أقل من (7) درجات فتسقط التفاحات في السلة (للإجابات الصحيحة على الأرض) للإجابات الخطأ)، وذلك حسب ترتيب الأسئلة، و تظهر الشاشة مكتوب بها انتقل إلى الدرس التالي.

ج- التعزيز اللفظي الفوري:

عند إجابة التلميذ على أي سؤال من الأسئلة العشرة بطريقة صحيحة يظهر له شخصية الأطفال الكرتونية (تويتي) تقول له بعض التعزيزات اللفظية مثل "أحسنت"، " بارك الله فيك" " ممتاز" ، " لا أستطيع أن أنافسك"، .....إلخ ، وذلك بطريقة عشوائية حتى لا يقترن إجابة سؤال معين بتعزيز معين، و عند إجابة التلميذ على أي سؤال من الأسئلة العشرة بطريقة خطأ يظهر له شخصية الأطفال الكرتونية " تويتي" و هو واقف بطريقة رافضة و يقول: " لا ، لا، لا " وبعد الانتهاء من الإجابة على جميع الأسئلة إذا حصل التلميذ على (7) درجات فأكثر تظهر له شخصية الأطفال الكرتونية " تويتي" وتقول له إحدى المعززات اللفظية السابقة الذكر، أما إذا حصل التلميذ على أقل من (7) درجات فتظهر له شخصية الأطفال الكرتونية " تويتي " وهو واقف بطريقة رافضة ويقول له: "لا , لا , لا" .

د - التعزيز اللفظي المرجأ:

عند إجابة التلميذ على أي سؤال من الأسئلة العشرة ، سواء بطريقة صحيحة أو بطريقة خاطئة لا يتم أية استجابة من الحاسب الآلي ، ولكن بعد الانتهاء من الإجابة عن جميع الأسئلة ، إذا حصل التلميذ على (7) درجات

أو أكثر تظهر له شخصية الأطفال الكرتونية " تويتي" وتقول له إحدى المعززات اللفظية السابق ذكرها في التعزيز اللفظي الفوري، أما إذا حصل التلميذ على أقل من (7) درجات تظهر له شخصية الأطفال الكرتونية " تويتي" وهو واقف بطريقة رافضة و يقول: "لا، لا، لا".

(5) ملاحظات عامة على البرنامج :

◆ جميع التعريفات والأمثلة والأسئلة (المحتوى بالكامل) بالنسبة للأربع مجموعات واحدة ؛ ولكن الاختلاف في طريقة التعزيز فقط.

◆ بعد كل مفهوم عشرة أسئلة وذلك بالنسبة لكل مفهوم.

◆ تظهر درجة التلميذ على الشاشة بالنسبة لأنواع التعزيز المتضمنة بالبرنامج.

◆ لا يكتب نوع التعزيز على الشاشة أمام التلميذ، وإنما تكتب الأعداد الدالة عليه(1، 2، 3، 4).

◆ كل مراحل البرنامج بها صوت و موسيقى، فيما عـدا الأسـئلة وذلـك؛ لأن مجـرد قـراءة الأسئلة قد يكون سبباً في تحديد الإجابة الصحيحة.

◆ بالنسبة لعملية التقويم، فقد صمم البرنامج بحيث يعطـي الدرجـة التـي يحصـل عليهـا التلميذ بعد الانتهاء من الإجابة على أسئلة كل مفهوم.

(6) الوسائل التعليمية:

إذا كانت الوسائل التعليمية تعد عنصراً مهماً من عناصر المنهج بصفة عامة فإنها أكثر أهمية بالنسبة لدراسة الرياضيات بصفة خاصة، ولذلك تمت الاستعانة بمجموعة من الوسائل التعليمية المناسبة بإسهام في توضيح محتوى الجلسات التعليمية

اللازمة لعرض البرنامج بغرفة الوسائط المتعددة، ومن أهم هذه الوسائل (الحاسب الآلي - جهاز L C D - جهاز الإسقاط الرأسي).

(7) الأنشطة التعليمية :

وبما أن التعلم في البرنامج المعد لهذا الدراسة تعلماً فرديًا، فيكون دور التلميذ هنا هو فهم التعليمات وتنفيذها جيداً وطلب المساعدة من المعلم عند الحاجة إليه والالتزام بالقواعد التي يحددها المعلم في حجرة الوسائط، وأثناء الجلسات التعليمية وعدم التشويش على زملائه ودور المعلم هنا هو التوجيه ومساعدة التلميذ الذي يطلب المساعدة.

الخطوة الثالثة: ضبط الجلسات التعليمية:

بعد الانتهاء من اختبار محتوى المواقف التعليمية، و تحديد أهدافها وصياغة المحتوى الملائم لتلك الأهداف والمناسب لمستوى تلاميذ الصف الأول الإعدادي، وكذلك الوسائل التعليمية المساعدة، والأنشطة التي يمكن أن يقوم بها التلاميذ مع معلميهم، أصبح البرنامج معداً بصورته الأولية، وقبل تجربته كان من الضروري التأكد من النواحي التالية:

- مدى صحة المفاهيم علميًا و لغويًا.
- مدى ارتباط الأمثلة بالمفاهيم.
- مدى ارتباط الأسئلة بالمفاهيم.

أما بالنسبة للبرنامج في صورة الأسطوانة فقد تم التأكد من النواحي التالية:

- صحة البرنامج علميًا ولغويًا.
- ملائمة البرنامج لتلاميذ الصف الأول الإعدادي.
- صحة البرنامج من الناحية التقنية.

* * *

المراجع العربية

أبو الفتوح رضوان وآخرون (1978): المدرس في المدرسة والمجتمع، الأنجلو المصرية، القاهرة.

أبو زيد سعيد الشويقي (1990): أثر التفاعل بين نوعي التعزيز والأسلوب المعرفي علي التحصيل في الرياضيات، رسالة ماجستير غير منشورة، كلية التربية جامعة طنطا.

أحمد أحمد عواد إبراهيم (1988): مدى فاعلية برنامج تدريبي لعلاج صعوبات التعلم لدى تلاميذ المرحلة الابتدائية, رسالة ماجستير غير منشورة في التربية, كلية التربية, جامعة الزقازيق, فرع بنها.

أحمد أحمد عواد إبراهيم (1992): مدى فاعلية برنامج تدريس لعلاج بعض صعوبات التعلم بالمرحلة الابتدائية، رسالة ماجستير غير منشورة بكلية تربية بنها، جامعة الزقازيق.

أحمد أحمد عواد إبراهيم، مسعد ربيع عبد الله (1995): الفرق بين التلاميذ العاديين و ذوى صعوبات في حل المشكلات الرياضية اللفظية، مجلة مستقبل التربية العربية، المجلد الأول، العدد 2، ص 33- 58 .

أحمد أحمد عواد إبراهيم (1996): علم النفس التربوي، القاهرة، المركز العلمي للكمبيوتر.

أحمد زكي صالح (1983): نظريات التعلم، النهضة المصرية.

أسامة عثمان الجندي (1991): فاعلية بعض أساليب استخدام الكمبيوتر في تعلم كل من التلاميذ ذوى التحصيل المنخفض و ذوى التحصيل المرتفع في الرياضيات، رسالة دكتوراه غير منشورة، كلية التربية، جامعة عين شمس.

السيد أحمد صقر (1992): بعض الخصائص المعرفية و اللامعرفية للتلاميذ أصحاب صعوبات التعلم في المدارس الابتدائية، رسالة ماجستير غير منشورة، كلية التربية، جامعة طنطا.

السيد خالد مطحنة (1994): دراسة تجريبية لمدى فاعلية برنامج قائم علي نظرية المعلومات في علاج صعوبات التعلم لدى الأطفال في القراءة، رسالة دكتوراه غير منشورة، كلية التربية، جامعة طنطا.

السيد عبد الحميد سليمان (1996): تنمية عمليات الفهم اللغوي لدى تلاميذ الحلقة الأولى من التعليم الأساسي، رسالة دكتوراه، غير منشورة، كلية تربية بنها، جامعة الزقازيق.

السيد عبد الحميد سليمان (2000): صعوبات التعلم، القاهرة، دار الفكر العربي.

أمينة إبراهيم شلبى (2000): فاعلية الذاكرة العاملة لدى ذوى صعوبات التعلم من تلاميذ الحلقة الثانية من التعليم الأساسي، بحوث و دراسات المؤتمر السنوي لكلية التربية، جامعة المنصورة، ص 101 -149، 4- 5 أبريل 2000 .

أمينة مختار (1980): دراسة إكلينيكية مقارنة لفاعلية فنيتين من فنيات العلاج السلوكي التدريجي في علاج بعض المخاوف المرضية ،رسالة دكتوراه غير منشورة، تربية عين شمس.

أنور محمد الشرقاوى (1983): التعلم نظريات و تطبيقات، الأنجلو المصرية، القاهرة.

أنور محمد الشرقاوى(1987): سيكولوجية التعلم، أبحاث و دراسات، الجزء الثاني، الطبعة الثانية القاهرة، مكتبة الأنجلو.

أنور محمد الشرقاوى (1988): التعلم نظريات وتطبيقات، الطبعة الثانية، الأنجلو المصرية القاهرة.

أنور محمد الشرقاوى (1991): التعلم "نظريات وتطبيقات"، القاهرة، مكتبة الأنجلو المصرية الطبعة الرابعة.

تيسير مفلح الكوفحة (1990): صعوبات التعلم والعوامل المرتبطة بها في المرحلة الابتدائية الأردنية مع اقتراح خطة شاملة لعلاجها، رسالة دكتوراه غير منشورة معهد الدراسات العليا للطفولة، جامعة عين شمس.

جابر عبد الحميد جابر (1982): سيكولوجية التعلم، نظريات التعلم، دار النهضة العربية، القاهرة.

جابر عبد الحميد جابر(1998): التدريس و تعليم الأسس النظرية- الإستراتيجيات والفاعلية الكتاب السادس، سلسلة المراجع في التربية وعلم النفس، دار الفكر العربي.

حزم عبد الواحد موافي (1980): دراسة لتطوير مفهوم الذات لدى الأطفال، رسالة دكتوراه غير منشورة، كلية الآداب، جامعة عين شمس.

حسام عزب (1981): العلاج السلوكي الحديث، الطبعة الأولى، الأنجلو المصرية.

حسن محمد العارف (1992): بحث تجريبي لمقارنة مدى فاعلية استراتيجيات "بلوم" و "كيلر" في التعلم للإتقان في تعلم المفاهيم العلمية لدى تلاميذ الصف الخامس الابتدائي، رسالة دكتوراه غير منشورة، كلية البنات، جامعة عين شمس.

حمدي أبو الفتوح عطيفة (1996): منهجية البحث العلمي , القاهرة , دار النشر للجامعات .

حنان حسن نشأت (1994): أثر استخدام الفن التشكيلي في تعديل بعض الظواهر السلوكية لعينة من مرضى التخلف العقلي، رسالة ماجستير غير منشورة، كلية الآداب جامعة عين شمس.

حنفي إسماعيل محمد (1991): أثر استخدام الألعاب الرياضية علي تنمية المهارات الرياضية لدى التلاميذ بطيئي التعلم بالصف الثاني من التعليم الأساسي، بحث مقدم للمؤتمر السنوي للطفل المصري، المجلد الثاني، أبريل.

دافيد مارتين (1973): العلاج السلوكي، ترجمة صلاح مخيمر، الطبعة الأولى، الأنجلو المصرية.

دينس تشايلد (1983): علم النفس و المعلم، ترجمة عبد الحليم محمود وآخرون، الطبعة الرابعة مؤسسة الأهرام، القاهرة.

رشدي منصور (1997): حجم التأثير (الوجه المكمل للدلاله الإحصائية)، المجلة المصرية للدراسات النفسية، العدد 16، المجلد السابع، يونيو، ص 57- 75.

رجاء محمود أبو علام، نادية محمود الشريف (1995): الفروق الفردية وتطبيقاتها التربوية الطبعة الثانية، الكويت، دار القلم.

زكريا توفيق أحمد (1993): صعوبات التعلم لدى عينة من تلاميذ المرحلة الابتدائية في سلطنة عمان، دراسة مسحية نفسية، مجلة كلية التربية، العدد (20)، الجزء (1)،جامعة الزقازيق.

سارنوف، أ. مدينك (1981): القلم، ترجمة عماد الدين إسماعيل.

ستيوارت هـ هو لس و آخرون(1983): سيكولوجية التعلم، ترجمة: فؤاد أبو حطب وآخرون القاهرة، المكتبة الأكاديمية.

سعد أحمد الجبالي (2002): إعداد المناهج الدراسية، القاهرة ، دار الطباعة و النشر .

سعد عبد الرحمن (1988): القياس النفسي بين النظرية والتطبيق ،القاهرة، دار الفكر العربي ط3.

سيد أحمد عثمان(1979): صعوبات التعلم، القاهرة، الأنجلو المصرية.

سيف الدين عبدون (1991): دراسة مقارنة لصعوبات التعلم لدى الجنسين من تلاميذ المرحلة الابتدائية الأزهرية وغير الأزهرية، مجلة كلية التربية، جامعة الأزهر العدد (18) .

شلبي سعيد عبد الرحمن (1992): تنمية مهارات حل المسائل اللفظية لدى التلاميذ بطيئي التعلم بالصف الخامس، رسالة دكتوراه غير منشورة، كلية التربية ببنها، جامعة الزقازيق.

صفاء محمد بحيري (2001): أثر برنامج تدريبي لذوى صعوبات التعلم في مجال الرياضيات في ضوء نظرية تجهيز المعلومات، رسالة دكتوراه غير منشورة، معهد الدراسات و البحوث التربوية، جامعة القاهرة.

صلاح الدين محمد علام (1986): تطورات معاصرة في القياس النفسي والتربوي، الكويت , جامعة الكويت ، إدارة التأليف والترجمة والنشر .

صلاح الدين محمد علام (1993): الأساليب الإحصائية الاستدلالية البارماترية واللابارامترية، دار الفكر العربي، الطبعة الأولي، القاهرة.

صلاح الدين محمد علام (1995): الاختبارات التشخيصية مرجعية المحك في المجالات التربوية والنفسية و التدريبية، القاهرة، دار الفكر العربي.

طلعت حسين عبد الرحيم (1980): سيكولوجية التأخر الدراسي - تشخيصية و علاجية- ، الطبعة الأولي، دار الثقافة للطباعة و النشر.

عادل عز الدين الأشول (1978): سيكولوجية الشخصية، القاهرة، مكتبة الأنجلو المصرية.

عادل محمد العدل (1992): فاعلية استخدام التعزيز الموجب علي صعوبات التعلم في مادة الكيمياء للصف الثاني الإعدادي، رسالة ماجستير غير منشورة، كلية التربية، جامعة الزقازيق.

عادل محمد العدل (1991): أثر تفاعل التعزيز و أسلوب التدريس علي التحصيل في العلوم، مجلة كلية التربية ببنها، جامعة الزقازيق، أكتوبر.

عادل مسعد خليل (1982): دراسة مقارنة لبعض الخصائص المعرفية و الاجتماعية للأطفال المتخلفين عقلياً من فئة التخلف العقلي الخفيف والأطفال غير المتخلفين رسالة ماجستير غير منشورة، معهد دراسات الطفولة، جامعة عين شمس.

عبد الستار إبراهيم (1983): العلاج النفسي الحديث قوة للإنسان، مكتبة المدبولى، القاهرة.

عبد الستار إبراهيم، عبد الله عسكر (1999): علم النفس الإكلينيكي في ميدان الطب النفسي الطبعة الثانية، مكتبة الأنجلو المصرية.

عبد الله سيد عزت (1994): دراسة مقارنة لأثر عدة مداخل في تعلم الرياضيات للتلاميذ بطيء التعلم في ضوء مفهوم تكنولوجيا التعليم, بحث مقدم لمؤتمر الاتجاهات الحديثة في تدريس الرياضيات والعلوم , كلية تربية بنها , بالتعاون مع المعهد المصري الفرنسي للتربية ببنها .

عبد العزيز محمود عبد الباسط (1987): أثر التعزيز السلبي علي الأداء العقلي للتلاميذ، دراسة تجريبية، رسالة ماجستير غير منشورة، كلية التربية ببنها، جامعة الزقازيق.

عبد الناصر أنيس (1992): دراسة تحليلية لأبعاد المجال المعرفي والمجال الوجداني للتلاميذ ذوي صعوبات التعلم للحلقة الأولى من التعليم الأساسي ، رسالة دكتوراه غير منشورة، كلية التربية، جامعة المنصورة .

عبد الهادي السيد عبده (1987): الآثار الفرقة لأنواع مختلفة من المعززات وعلاقتها بأداء الطلاب في الجامعة، مجلة كلية التربية، جامعة طنطا، العدد الخامس الجزء الثاني، نوفمبر، ص 142.

عزيز قنديل (1990): دراسة تشخيصية لصعوبات تعلم الرياضيات في المرحلة الابتدائية بالمملكة العربية السعودية، مجلة التربية ببنها، العدد الأول، جامعة الزقازيق، ص 129- 146.

علي محيي الدين راشد (1998): المعلم الناجح ومهاراته الأساسية، مفاهيم ومبادئ تربوية، القاهرة، دار الفكر العربي .

فاروق الروسان (1987): العجز عن التعلم لطلبة المدارس الابتدائية من وجهة نظر التربية الخاصة،(دراسة نظرية) ، مجلة العلوم الاجتماعية بالكويت، المجلد الخامس عشر، العدد الأول، ص 245- 162.

فتحي السيد عبد الرحيم (1982): سيكولوجية الأطفال غير العاديين، و استراتيجيات التربية الخاصة، ط 2، الكويت، دار القلم، ج 2.

فتحي مصطفى الزيات (1988): دراسة لبعض الخصائص الانفعالية لدى ذوي صعوبات التعلم من تلاميذ المرحلة الابتدائية، مجلة جامعة أم القرى، السعودية، السنة الأولى، العدد (2).

فتحي مصطفى الزيات (1998): صعوبات التعلم : الأسس النظرية و التشخيصية و العلاجية القاهرة، دار النشر للجامعات.

فؤاد أبو حطب، آمال صادق (1984): علم النفس التربوي، القاهرة، الأنجلو المصرية.

فؤاد أبو حطب، آمال صادق (1990): علم النفس التربوي، الطبعة الرابعة، القاهرة، الأنجلو المصرية.

فؤاد البهي السيد (1979): علم النفس الإحصائي وقياس العقل البشري , دار الفكر العربي , ط3 .

فيصل محمد الزراد(1991): صعوبات التعلم لدى عينة من تلاميذ المرحلة الابتدائية في دولة الإمارات العربية المتحدة، رسالة الخليج العربي، العدد 38، ص 121- 178.

فيولا فارس الببلاوى (1982): الشخصية و تعديل السلوك، عالم الفكر، العدد الثاني، الكويت.

كيرك و كالفانت(1988): صعوبات التعلم الأكاديمية و النمائية، ترجمة زيدان السرطاوى وعبد العزيز السرطاوى، الرياض، مكتبة الصفحات الذهبية.

كيلر ف، س (1978): التعلم (نظرية التدعيم)، ترجمة محمد عماد الدين إسماعيل، القاهرة النهضة المصرية.

محمد البيلي وآخرون (1991): صعوبات التعلم في مدارس المرحلة الابتدائية بدولة الإمارات العربية المتحدة , دراسة مسحية , مجلة كلية التربية , العدد (7) , جامعة الإمارات العربية المتحدة .

محمد السيد جمعة (2005): العوامل المعرفية وغير المعرفية المرتبطة بالتلاميذ ذوي صعوبات التعلم مادة اللغة الإنجليزية لدى تلاميذ الحلقة الأولى من التعليم الأساسي بالمدارس الحكومية، رسالة ماجستير غير منشورة، معهد الدراسات التربوية، جامعة القاهرة.

محمد على كامل (1998): سيكولوجية الفئات الخاصة، الطبعة الثانية، القاهرة، مكتبة النهضة المصرية.

محمد محروس الشناوي، محمد السيد عبد الرحمن (1998): العلاج السلوكي أسس و تطبيقاته، دار قباء للطباعة و النشر و التوزيع.

محمد محمد فتح الله (1995): بناء اختبار تشخيصي في العلوم لتلاميذ مرحلة التعليم الأساسي، رسالة ماجستير غير منشورة، كلية التربية، جامعة الأزهر.

محمد مصطفي حسنين (1997): بعض الصعوبات التي تواجه طلاب المرحة الثانوية الأزهرية عند دراستهم لمقرر الاستاتيكا، رسالة ماجستير غير منشورة، كلية التربية، جامعة المنصورة.

محمد هويدي و سعيد اليماني (1995): المعززات الشائعة لدى الأطفال المرحلة الابتدائية بدولة البحرين، مجلة علم النفس، السنة التاسعة، العدد 33، ص 54- 57.

محمود أحمد أبو مسلم (1983): أثر استخدام التدعيم المادي و المعنوي على بعض أشكال الأداء العقلي لدى الأطفال، رسالة دكتوراه غير منشورة، كلية التربية، جامعة المنصورة.

محمود عبد الحليم منسي (1981): بعض العوامل المرتبطة بالتأخر الدراسي لدى تلاميذ المرحلة الابتدائية، (دراسة مسحية وصفية)، بحوث في السلوك والشخصية، المجلد الأول، الإسكندرية، دار المعارف.

محمود عطا حسين (1978): دراسة مقارنة في بعض سمات الشخصية للمتفوقين و المتأخرين تحصيليًا، دراسة ميدانية، رسالة دكتوراه غير منشورة، كلية التربية، جامعة عين شمس.

محمود عوض الله سالم (1989): أثر تفاعل نوع التعزيز و الذكاء و الأسلوب المعرفي على التحصيل الدراسي، مجلة جامعة الملك عبد العزيز، المملكة العربية السعودية.

محمود محمد إبراهيم (1990): دراسة سيكومترية مقارنة- لطرق قياس معامل ثبات الاختبارات المرجعة إلى المحك، رسالة ماجستير غير منشورة، كلية التربية، جامعة عين شمس.

محمود محمد علي (1991): تصميم برنامج لألعاب الكمبيوتر الرياضية كأسلوب لتنمية الابتكار الرياضي لتلاميذ الحلقة الأولى من التعليم الأساسي، رسالة دكتوراه غير منشورة، كلية التربية، جامعة عين شمس.

ممدوح محمد سليمان (1986): دراسة بعض صعوبات حل المسائل اللفظية المتصلة بالعمليات الأربعة، مجلة كلية التربية، المجلد الأول العدد الأول ، جامعة الزقازيق.

مها عبد اللطيف سرور (1995): أثر التعزيز في إكساب أطفال الحضانة بعض المفردات اللغوية الأجنبية، رسالة دكتوراه غير منشورة، كلية التربية، جامعة الزقازيق، بنها.

مي محمد زمزم (1992): مفهوم الذات و بعض أساليب التعزيز و علاقتها بالتحصيل لدى تلاميذ الحلقة الأولى من التعليم الأساسي، رسالة ماجستير غير منشورة، كلية التربية، جامعة المنوفية.

ناجي محمد قاسم (1983): أثر التعزيز اللفظي على التحصيل في مادة الحساب لدى تلاميذ الصف الرابع في المرحلة الابتدائية، رسالة ماجستير غير منشورة، كلية التربية، جامعة الإسكندرية.

نادية عبد العظيم محمد (1991): التعلم الإتقان الاحتياجات الفردية للتلاميذ و إتقان التعلم، الرياضيات، دار المريخ.

نبيل محمد زايد (1994): أثر الثواب و العقاب على تحصيل الكسور الاعتيادية لدى تلاميذ الصف الرابع الابتدائي بجنوب السعودية، مجلة التربية بالزقازيق، جامعة الزقازيق، ع 17 (أ) السنة السابعة، العدد (أ) ص 339- 422.

هويدا حنفي محمود (1992): برنامج لعلاج صعوبات تعلم القراءة والكتابة والرياضيات لدى تلاميذ الصف الرابع من التعليم الأساسي ، رسالة دكتوراه غير منشورة، كلية التربية، جامعة الأسكندرية

.

هويدا محمد أنور غنية (1994): أثر تفاعل نوع التعزيز و أسلوب التعلم على التحصيل الدراسي لتلاميذ المرحلة الإعدادية و اتجاهاتها نحو مادة العلوم، رسالة ماجستير غير منشورة، كلية التربية، جامعة الزقازيق.

وائل فريد فراج (2002): أثر برنامج تدريبي للتغلب علي صعوبات تعلم مفاهيم مادة العلوم لدى طلاب المرحة الإعدادية، رسالة ماجستير غير منشورة، معهد الدراسات و البحوث التربوية، جامعة القاهرة.

وجيه حسين عبد الغني (1992) : دراسة تشخيصية لصعوبات التعلم في مادة الكيمياء في المرحلة الثانوية، رسالة ماجستير غير منشورة، كلية التربية، جامعة عين شمس.

وفاء محمد عبد الرحمن درويش (1981): دراسة بعض أنواع التدعيم و علاقتها بتعلم المهارات المبارزة لطالبات كلية التربية للبنات بالإسكندرية، رسالة دكتوراه غير منشورة، جامعة الإسكندرية.

وفاء مصطفي كفافي (1991): أثر استخدام الكمبيوتر على تعلم المفاهيم الرياضية لدى أطفال الحضانة في المدارس الحكومية و الخاصة، رسالة دكتوراه غير منشورة، معهد الدراسات و البحوث التربوية، جامعة القاهرة.

يعقوب موسى علي (1996): التعلم التعاوني في علاج صعوبات تعلم مهارات القراءة لدى تلاميذ مرحلة التعليم الأساسي بليبيا، رسالة دكتوراه غير منشورة، جامعة عين شمس.

* * *

المراجع الأجنبية

Anderson, (1970): G. L.Basic Learning theory Tor Teachers Ishinner, C.E: Education psychology, (uthed), New York, Delhi, Prentice Hallot India Privet Limited.

Belmont, I & Belmont (1981): "is the slow learning in the classroom learning disabled. " Psychological abst V. (65), No. 2.

Bley, N.S & Thomton, C.A (1989): Teaching mathematics to the learning disabled (2nd ed) Austin. TX: pro Ed.

Brier, Normal (1994): psychological adjustment and adults with severe learning difficulties implications of the literature on children and adolescents with learning disabilities, journal for researched practice vol.5.No .1.P.15.

Brnnan, W. K. (1974): Shaping the Education of Slow Learning. London: Routledge.

Brwely, GL (1984): Effects of type of reinforces with aptitude on latency rate in computer assisted. Diss. Abs. Int, vol, 46.no.1, p.58.

Bryan, T.H and Bryan, J.H (1986): Understanding learning disabilities, Third edition, mayfield, Californian: Publishing Company, palo Aito.

Carine, D.(1997) : Reforming mathematics : The role of curriculummaterials. Journal of Behaviora; Education, 1, PP 37- 57

Carry Martin Joseph Pear (1978): Behavior Modification: prentice Hall, Inc Englewood Cliffs New Jersey p31- 32.

Cawley, J. F. Baker- Kroczynski, S. & Urban. (1992): Seeking excellence in mathematics for student with mild disabilities. Children, 24(2), P.40- 43

Clark, Burton – A (1991): National Fire Academy Test Technical Manual for the chemistry of hazardous materials course final exam, dissertotion abstract international vol. Five No.3 P.30.

Engelman, S., Carnine, D., & Steely, F. G (1991): Making Connections in mathematics' .of L .D.24, P 292- 303.

Feldman R. (1987) : Understanding Psychoiogy . Mc Grow hill Inc, NewYork.

Gates, b. & Beacock, C. (1997): Dimension of learning disabilities: London: Baillere Tinall.

Geary, D& Et.al.(1987): Congnitive Addition Comparison Disabled and Academically Normal Elementary School Children. Cognitive Developmental, Vol.(2),No.(3), p.(249-269).

Geary, D. (1990): A Componential Analysis of an early learning difficulties in mathematics, Journal of Experimental Child Psychology , Vol.(49),No.(3),p.(363- 383).

Gettinger, M. (1983): Students behavior, teacher reinforcement, student ability and learning contemporary. Educpsychol. Eight, p.391- 402.

Hammill, (1990): D.D. "On defining learning disabities an energizing Consenus". J.l.d.vol.23, No. p 14 – 84.

Heward. (1996): W.L.: Exceptional children an intoduction to special Education . New J. ERSEY: Merrill. Animprint at prentice hall.

Hilgerd, E.R & Bower, G.H. (1975): Theories at learning, New Jersey. Prentice, Hall, INC., Englewood Clitts.

Hitch,B. & Mcauley, E.(1991): Working memory in children with specific arithmetical learning difficulties, British Journal of Psychology Vol.(82),No.(3),pp.(373- 386).

Hoit, j.L. (EDS) (1987): Teaching the learning disabled adolescent Boston: Houghton Mifflin company.

Hopkins , k. (1996) : A Study of effect of interactive language in the Stimuiation of Congnitive Functioning for Student with Learning Disabilites, Diss. Abst Inter. , Vol. (57), No.(3A), P(1093).

Hutchinson, N.L. (1993): Effects of cognitive strategy instruction onalgebra solving of adolescents with learning disabilities.,Learning Disabilities. Quarterly, vol 16, p. 34- 69.

Imboden Hugh Harlan (1986): The effects of computer in handed instruction in teaching concepts of percent to low achieving college students, P.H.D. University of Missoui. Columbia D.A.I, Vol.(46),No.(11),p.(3287).

Joudy, A. (1988): "Problem - solving strategies in learning disabled and normal boys: Developmental and indstructional effects ", Jour.of Edu.Psvcho, Vol. (80), No. (2), PP (184- 191).

Kollingian , J.&Sternberg(1987) : "Intelligence , information processing, and specfic" learning disabilities , Atriatchic synthesis, J.L.D.VOL.20, No.,1, P,8- 17 .

Krik, A.S. & krik, D.W (1971): psycholinguistic learning disabilities and remediation, Loudon: Illinois press. Chicago.

Mclesky, j. & walron, N.L, (1991): Identifying students with learning disabilities: the effect of implemnting stata wide guide line, J.L.D.VOL.24, NA 8, P.501 – 506.

Moasts, lc. & Lyon (1993): Learning Disabilities IN the United States: advocacy, science, and the future of the field j.l.d. vol.2, No.5, p. 282 – 294.

Packman, D.(1986): A Cognitive Approach to the Identutcation of mathematical confusion in learning Disabled Children , Diss. Abst Inter. , Vol. (47), No.(5A), P(1691).

Perkins, Sally Ann (1988): The effect of computer assisted instruction on mathematics and attitude toward mathematics and computer in grades four and seven. P.H.D., the University of D.A.I.,Vol.(49),No.(2),Augost,p.197.

Powell,- stuart and Others (1994) : Enabling pupils with learning difficuliets to reflect on their own thinking , Journal of British Educational Research , VOL.(20),No(5).

Reber, Arther (1985): The penguim dictionary psychdogy Viking press New York.

Renold, A. G & Flage, P.W (1983): "Cognitive Psychology", New York press, p36.

Rourk, B. (1993): Arithmetic disabilities2,   specific and otherwise,A neuro psychological perspective J.L.D. Vol.(26), No. (4), p. (214- 226).

Swanson, L., Cochran, K., and Ewers,C.(1990): " Can L.D be determined From Working Memory Performance?" J.of L.D., Vol.23, No.1, P 59- 67.

Vaughn, S. & Wilson, C.(1994): Mathematics assessment for students with Learning Disabilities. In G.R Lyon (Ed.), Frames of reference for the Assessment of learning disabilities. p.459- 472.Baltimore: Paul Brooks.

Wilrardt,t.& Sandman. C.A (1988): Performance of nondisabled adults and adults with leauning disabilities on a computerized multiphase congnitire memory dattery j.L.D .Vol. 21, no.3, p, 179 – 185.

Wilson, Lex (1993): Enhancing academic skills of adolescent students with - learning disabilities through computer – assisted instruction. Clearinghouse No JC 950028.

Wlfolk, A, and Nicolich, L. M (1980): Educational Psychology for Teachers Practice. Hall, Inc. Englewood cliffs New Jersey.

* * *

الفهرس

الموضوع رقم الصفحة

الفصل الخامس

تشخيص صعوبات التعلم

الفصل السادس

برنامج باستخدام الحاسب الآلي للتغلب على صعوبات

تعلم الرياضيات باستخدام التعزيز

الموضوع	رقم الصفحة

* * *